AF453763

LE COMBAT

D'IOUCHOULIN-PENLIN

31 JUILLET 1904

GUERRE RUSSO-JAPONAISE

LEÇONS TACTIQUES

LE COMBAT D'IOUCHOULIN-PENLIN

31 JUILLET 1904

PARIS

L. FOURNIER, Editeur Militaire

264, boulevard Saint-Germain, 264

(En face du Ministère de la Guerre)

1912

TABLE DES MATIÈRES

═══════════

TABLE DES CROQUIS

BIBLIOGRAPHIE

Rapport officiel russe.

Relation officielle du Xe Corps.

Relation du colonel Klembovski, commandant le 122e régiment.

Rapport du commandant de la 1re batterie de la 31e Division.

Conférence faite à l'Académie d'état-major Nicolas sur les opérations dans les montagnes de la Mandchourie méridionale pendant l'été de 1904. — Colonel d'état-major russe Matkovski

Diéistvié rousskoï i iapanskoï artillerie v'pervonatchalnii période voïni. — Colonel russe A. Bibikov.

V'vostotchnom otriadié. — Capitaine d'état-major russe Svietchine.

Staff officer's serap book. — Général anglais Hamilton.

Achtzehn Monate mit Russlands Heeren in Mandchurei. — Major allemand von Tettan.

Einzelschriften uber den russisch-japanischen Krieg, fascicules 13/14, 15 et 16/17. — Publié par la *Streffleurs militärisehe Zeitschrift.*

Vom russisch-japaniscкem Kriege. — Colonel suisse Gertsch.

Kriegsgeschichtliche Einzelschriften, fascicule 41/42. — Publié par le grand état-major prussien.

Das Gefecht von Youchoulin-Penlin am 31 Juli 1904. — Lieutenant bavarois Hermann Giehrl.

Enseignements tactiques découlant de la guerre russo-japonaise. — Commandant Niessel.

Streffleurs militarische Zeitschrift.

Militär Wochenblatt.

Jahrbücher für die deutsche Annee und Marine.

Neue militärische Blätter.

Allgemeine schweizerische Militärzeitung.
Schweizerische Zeitschrift für Offiziere aller Waffen.

Rousskii Invalid.
Voïenni Sbornik.

Artilleriskii Journal.
Injenernii Journal.

France militaire.
Revue des armées étrangères.

INTRODUCTION

Dans un précédent ouvrage (1), nous avons exposé la situation générale sur le théâtre de la guerre de Mandchourie dans le courant de juillet et en particulier sur le front Est à la fin de juillet, de manière à bien déterminer les conditions dans lesquelles s'est produite l'offensive de la Ire Armée japonaise le 31 juillet contre le détachement de l'Est (général Keller) et le Xe Corps russe (général Sloutchevski). Nous renvoyons les lecteurs à cet exposé que nous ne rappellerons ici que très sommairement.

Dans cet ouvrage, nous avons étudié le combat de Tkaouan-Ianselin livré le 31 juillet par la Garde et la 2e Division japonaises, combat que nous avons pu exposer en détail parce que nous en possédions pour les opérations de chaque parti une relation détaillée émanant de témoins oculaires.

Nous allons compléter l'étude des opérations de cette journée du 31 juillet sur le front Est du théâtre d'opérations en étudiant maintenant les combats de Penlin et d'Iouchoulin, livrés au Xe Corps russe par la 12e Division japonaise à une vingtaine de kilomètres au Nord

---

(1) Leçons tactiques. — Combat de Tkaouan-Ianselin. — Edité chez Fournier.

d'Ianselin. Nous avons eu également la bonne fortune de disposer de renseignements et de cartes relatifs aux mouvements des deux partis : pour le côté russe, la relation du major allemand von Tettau qui se trouvait auprès de l'état-major du Xᵉ Corps russe, et les rapports officiels de ce corps d'armée ; du côté japonais, le récit fait par le général anglais Hamilton d'après les rapports du capitaine Jardine, attaché à la 12ᵉ Division japonaise.

Comme pour le combat d'Ianselin, il est possible pour ceux d'Iouchoulin et de Penlin d'arriver à une description de l'action assez précise pour essayer d'en dégager des enseignements tactiques. C'est le but que nous nous proposons dans cet ouvrage, espérant que nos camarades voudront bien l'accueillir avec la même bienveillance que notre étude sur le combat d'Ianselin.

LE COMBAT
D'IOUCHOULIN-PENLIN
31 JUILLET 1904

CHAPITRE I

ÉVÉNEMENTS JUSQUE FIN JUILLET ET SITUATION GÉNÉRALE DES DEUX PARTIS A LA FIN DE JUILLET 1904.

Dans le courant de juin, les quatre armées japonaises avaient occupé les situations suivantes :

La Ire Armée, général Kuroki, après avoir battu le général Zassoulitch sur l'Ialou et forcé le passage de cette rivière le 1er mai, était arrivée le 5 mai à Fenhoantchen ; son gros était resté depuis autour de cette ville. En face d'elle se trouvait le détachement russe de l'Est occupant la crête de Fenchouïlin, prolongé à gauche par la Division cosaque du général Rennenkampf postée à Saïmatsi pour couvrir la direction de Moukden, à droite par la brigade de cavalerie Michtchenko qui surveillait les progrès de la IVe Armée japonaise.

La IVe Armée, général Nodzu, avait débarqué à Dagouchan à partir du 30 mai, pour relier les Ire et IIe Armées.

La IIe Armée, général Oku, débarquée du 5 au 15 mai à Bitsivo, s'était d'abord emparé de l'isthme de Kintchéou le 26 mai pour couper les communications de Port-Arthur. Laissant ensuite la IIIe Armée, général Nogi, prendre la suite des opérations contre cette place, le général Oku avait marché vers le nord pour repousser le Ier Corps Sibérien (général Stackelberg) qui essayait de secourir Port-Arthur ; il en était résulté le 15 juin le combat de Vafangòou qui avait rejeté les Russes vers le Nord.

Le 23 juin, les Ire et IVe Armées japonaises s'étaient portées en avant. La Ire avait successivement repoussé le Détachement russe de l'Est des crêtes de Fenchouïlin et de Motienlin ; la IVe Armée était venue autour de Siouïan.

La IIe Armée, après un assez longtemps d'arrêt autour de Vafangoou, s'était portée du 6 au 9 juillet sur Haïtchéou où elle s'était arrêtée de nouveau jusqu'au combat de Dachitchao, 23 et 24 juillet, qui amena le recul des Russes sur Haïtchen.

Dans le courant de juillet sur le front est du théâtre d'opérations, le 4 et le 17, le général Keller avait fait deux reconnaissances offensives malheureuses sur le col de Motienlin qui se terminèrent toutes deux par un échec. Le 13 juillet, la Division Rennenkampf avait subi un échec et le général avait été assez grièvement blessé. Enfin, le 19 juillet, la 12e Division japonaise avait infligé à Sihoïan un échec sérieux à une brigade du Xe Corps russe, commandée par le général Gerchelmann.

En somme, pendant cette période, les Russes avaient subi de constants échecs, montré une passivité coupée seulement de molles velléités de mouvement en avant, enrayées à la moindre manifestation offensive de l'ennemi. On avait pu constater chez eux un manque absolu de coordination des efforts des différents détachements. En particulier, sur le front est, nous allons voir le Détachement de l'Est et le Xe Corps, venu au nord de celui-ci dans la vallée du Si-ho, rester entièrement indépendants l'un de l'autre sans que le commandement supérieur assure la combinaison de leurs opérations.

A la fin de juillet, le maréchal Oyama, qui avait pris le commandement des armées japonaises, prescrivit un mouvement général en avant.

Ire Armée sur Iouchoulin et Ianselin.

IVe Armée sur Simoutchen,

IIe Armée sur Haïtchen.

Ces mouvements entraînèrent une série de combats offensifs des Japonais, distincts les uns des autres par suite des larges intervalles séparant les différents groupes. Les Russes n'y opposèrent qu'une résistance à peu près passive, sans lien net, au cours de laquelle de nombreux éléments restèrent inutilisés.

Sur le front est, les Russes avaient deux routes principales à garder :

La route mandarine venant de Fenhoantchen par le col de Motienlin sur Ianselin, Liandiasian et Liao-Iang; cette route était carrossable partout.

Plus au nord une autre route, à peu près carrossable, passait par Saïmatsi et la vallée du Si-ho d'où il était possible soit de marcher sur Liao-Iang, soit de gagner directement Moukden.

La première était gardée par le Détachement russe

de l'Est (3e Corps Sibérien) tenant avec la 6e Division de tirailleurs le col d'Ianselin et ses abords, et ayant en reserve la 3e Division de tirailleurs à Liandiasian. Deux compagnies de ce corps d'armée étaient détachées à Sandaolin, dans la vallée du Lan-ho pour assurer la liaison avec le Xe Corps. En face du Détachement de l'Est se trouvait le gros de l'armée du général Kuroki, formé par la Garde et la 2e Division japonaises.

Sur la seconde, le Xe Corps russe se trouvait en face de la 12e Division japonaise renforcée par une brigade de kobi (1). Ce sont les opérations de ces deux derniers éléments, du 24 juillet au 1er août, que nous nous proposons d'étudier.

(1) Troupes de réserve.

CHAPITRE II

DESCRIPTION DU TERRAIN

Le terrain où vont se dérouler les combats d'Iouchoulin et de Penlin se compose de montagnes pas
très élevées, mais en général abruptes. Les versants en
sont raides, souvent rocheux et nus, quelquefois gar-
nis de buissons bas. Les vallées du Taïtsé-ho et de
ses affuents, le Si-ho grossi du Tsé-ho, et le Lan-ho,
découpent profondément ce terrain. Le fond de ces vallées est en général plat et cultivé. Le lit des cours
d'eau y est peu profond et ceux-ci étaient agréables
presque partout au moment des combats que nous allons étudier. Les villages sont presque tous construits
dans les vallées et entourés de jardins.

Entre le Taïtsé-ho et le Si-ho s'étend une chaîne à
orientation générale est-ouest, d'une attitude de 150 à
300 mètres au-dessus des vallées. Cette chaîne détache
de nombreux contreforts dont l'extrémité tombe le plus
souvent à pentes très raides sur le Si-ho ; en général
le versant ouest de ces contreforts est moins raide
que le versant est. Deux d'entre eux joueront un rôle
capital dans le combat d'Iouchoulin : ce sont ceux qui
encadrent à l'est et à l'ouest la vallée de Peïtaïkéou et
qui formeront les positions de l'aile nord des deux partis pendant la plus grande partie de la journée. Le
contrefort de l'est s'achève par une colline que les Ja-

ponais ont baptisée Makouraïama (colline de l'oreil-
ler), à versants abrupts et broussailleux vers l'est et le
sud, à pentes plus douces et en partie boisées vers
l'ouest, réunie par un col bas au reste du contrefort.
Elle domine non seulement la vallée mais encore les
collines d'Iouchoulin et de Chisan qui s'élèvent sur la
rive gauche de Si-ho.

La vallée du Si-ho est large de 1000 à 1500 mètres,
plate, sablonneuse, avec de nombreux hameaux et beaucoup de terrains cultivés, principalement en gaolian,
sorte de maïs qui atteint plus de 2 mètres de haut. Le
lit de la riyière est bien vu de la colline de Chisan vers
le côté amont pendant plusieurs kilomètres. Sauf pour
la traversée de ce lit, les mouvements de troupes étaient
masqués presque partout par le gaolian. En arrivant au
pied de Chisan, là Si-ho qui, depuis quelques kilomètres, coulait de l'est à l'ouest dans cette vallée large
et plate, se resserre dans un défilé compris entre le
Chisan et le Makouraïama et oblique vers le nord-ouest,
puis revient au sud-ouest et enfin décrit une grande
boucle agrémentée de méandres avant de rejoindre le
Taïtsé-ho.

Les hauteurs s'élevant au sud du Si-ho, entre les
vallées du Tsé-ho et du Lan-ho, forment un ensemble
assez compliqué.

Une arête est-ouest court à 5 ou 6 kilomètres au sud
du Si-ho entre le Tsé-ho et le Lan-ho, bordant au nord
la vallée de Penlin, il s'en détache plusieurs chaînons
à orientation générale sud-nord qui séparent les vallées
d'Huanhounkéou, de Lintcha, de Likéou. Leurs crêtes
sont étroites et peu praticables en général.

Nous attirerons spécialement l'attention sur les
hauteurs de Chisan et d'Iouchoulin qui forment avec

le Makouraïama le défilé dont nous avons parlé déjà, Les versants sud-est et nord-est en sont très raides, parfois à pic, leur versant ouest est plus doux. Ces hauteurs constituent une très bonne position face à l'est pour barrer la vallée, bien que commandées par le Makouraïama.

En arrière de cette position, le chaînon bordant la rive droite du Lan-ho est traversé au col de Lagooulin par la route de Liao-Iang. Ce chaînon forme, lui aussi, une bonne position, face à l'est. Mais pour la défense du Chisan comme pour celle du col de Lagooulin, il est indispensable de s'étendre plus au sud et d'être maître du sommet 462.

En avant du Chisan et de la hauteur 462 s'ouvre la vallée de Likéou, assez large, surtout près de son embouchure dans le Si-ho.

La vallée s'étendant de Lipiou, près du Lan-ho, par Penlin, jusqu'à Daïtaïkéou sur le Tsé-ho, est suivie par un chemin médiocre sur lequel aboutissent : du nord des chemins venant des vallées énumérées ci-dessus, et un autre venant de Koutsiatsi sur Vandiapousa ; du sud, deux chemins venant d'un affluent du Tsé-ho. L'un de ces chemins, celui qui passe à Tchoaïlin, jouera un rôle important dans l'action.

La dépression de Penlin communique :

Par le col de Penlin nord, avec Vandiapousa et Likéou.

Par le col de Penlin est, avec Daïtaïkéou ;

Par une gorge très encaissée vers le sud-est avec le Tsé-ho ;

Par le col de Penlin ouest, avec la vallée de Lipiou.

Les hauteurs environnantes dominent de 200 mètres en moyenne la dépression et les cols. Leurs versants sont généralement dénudés. Le fond de la dépression de Penlin et de la vallée de Lipiou est encaissé et étroit, et n'a en certains endroits que la largeur du chemin qui y passe. Les crêtes qui le dominent au sud, se terminent à leur sommet par des escarpements, et le profil du bas des versants est concave et relativement doux, si bien qu'il est possible depuis les crêtes de tirer sur le fond de la vallée. Les pentes ne sont pas cultivées et le terrain est découvert.

Au sud de cette dépression, la montagne devient plus haute et plus difficile.

Le principal chemin traversant le théâtre de l'action est la route venant de Liao-Iang par Anpin, Toundiapou, Koutsiatsi, le col de Lagooulin, et Iouchoulin, suivant ensuite la vallée du Si-ho jusqu'à Sihoïan, et se dirigeant ultérieurement sur Saïmatsi.

Nous avons déjà indiqué les chemins qui s'en détachent vers le sud. Vers le nord, elle est réunie par plusieurs chemins à Pensihou, localité située dans la vallée du Taïtsé-ko à peu près au nord de Sihoïan ; le meilleur est celui allant de Hounmiaotsi à Pensihou par le col de Tchentchinlin.

En résumé, sauf dans les vallées ou sur les sentiers et sur quelques versants, le terrain est difficilement praticable à l'infanterie. L'artillerie de campagne n'est utilisable que dans les vallées ou à proximité immédiate des meilleurs chemins si on n'a pas eu le temps de lui aménager des chemins d'accès ; l'artillerie de montagne peut accéder presque partout, mais souvent les positions existant sur les crêtes sont trop étriquées.

Quant à la cavalerie, elle est réduite, sauf dans les vallées, à aller au pas et à faire du combat à pied.

CHAPITRE III

JOURNÉES PRÉCÉDANT LES COMBATS DU 31 JUILLET, ET ORDRES DONNÉS AUX DEUX PARTIS POUR LE 31 JUILLET.

A. RUSSES

Situation du Xe Corps du 20 au 23 juillet. — L'échec subi le 19 juillet à Sihoïan par le détachement Gerchelmann (2e brigade de la 9e Division) avait prouvé l'arrivée de forces japonaises sérieuses dans la vallée du Si-ho, à 60 kilomètres seulement de Liao-Iang, alors que le Groupe russe du Sud était lui aussi à 60 kilomètres de Liao-Iang, autour de Haïtchen.

.Le Xe Corps russe dont une brigade avait été battue à Sihoïan, va dorénavant opérer dans la vallée du Si-ho, à la gauche du Détachement de l'Est (général Keller) qui gardait la grand'route de Fenhoantchen à Liao-Iang par Motienlin, Ianselin et Liandiasian. Le Xe Corps, le 20 juillet était complètement disloqué et dispersé. .

Le groupe battu à Sihoïan (35e et 36e régiments d'infanterie, 1er régiment cosaque d'Argoun, 4 batteries de la 9e brigade d'artillerie, 1 batterie de montagne) dépendait du Détachement de l'Est ; il s'était replié vers le Lan-ho.

Le reste de la 9e Division et un régiment de la 31e Division se trouvaient à la réserve du Détachement de l'Est, vers Anpin.

Une brigade de la 31e Division était détachée au IIe Corps Sibérien, qui faisait partie du Groupe russe du Sud.

Enfin à Liao-Iang, le général Sloutchevski, commandant du corps d'armée, n'avait sous sa main qu'un régiment d'infanterie de la 31e Division et quelques batteries.

Le 21 juillet, le général Kouropatkine décida de passer à l'offensive sur le front est :

Le IIIe Corps Sibérien, sur Motienlin ;

Le Xe Corps, sur Sihoïan.

Il prescrivit en conséquence de réunir tout le Xe Corps à Toundiapou, à l'exception de la brigade de la 31e Division détachée au Groupe du Sud. Cette réunion fut effectuée le 24. Plusieurs régiments de cavalerie étaient en outre adjoints au Xe Corps.

A la même date, à la suite de l'échec des cosaques de Transbaïkalie près de Siaosir où le général Kennenkampf avait été blessé, la brigade Lioubavine (2e régiment de Nertchinsk et 2e régiment d'Argoun) s'était retirée sur Pensihou où elle était arrivée le 21. Elle y avait trouvé un bataillon du 1er régiment d'infanterie de Sibérie qui y gardait la route de Sihoïan à Moukden. Le 22, ces éléments avaient été rejoints par le régiment de cavalerie de Daghestan, nouvellement débarqué (6 sotnias et 2 mitrailleuses).

D'autre part, au sud du Xe Corps, le IIIe Corps Sibérien se trouvait tout entier à Ianselin et Liandiasan ; il n'en bougera pas jusqu'au 31 juillet.

24 juillet. — Le général Sloutchevski a dès ce jour sous ses ordres le gros de son corps d'armée :

9ᵉ Division ; Général-major Gerchelmann, en entier.	1ʳᵉ brigade, général-major Riabinkine 33ᵉ régiment d'inf. d'Eletz. 34ᵉ régiment d'inf. de Siev. 2ᵉ brigade, génral-major. Martson, 35ᵉ régim. d'inf. de Briansk. 36ᵉ régiment d'inf. d'Orel. 6 batteries de la 9ᵉ brig. d'artil.	16 bataillons 48 canons
31ᵉ Division, général-lieutenant Mau.	1ʳᵉ brigade, général-major Tchétchévitch. 121ᵉ régim. d'inf. de Pensa. 122ᵉ rég. d'inf. de Tambov. 5 batt. de la 31ᵉ brig. d'artill,	8 bataillons 40 canons

Le gros du Xᵉ Corps comptait 47 officiers et 23.159 hommes présents.

Il disposait en outre des éléments suivants :

1 batterie de montagne de Sibérie orientale.	7 canons (1)
1ᵉʳ régiment cosaque d'Orenbourg (2). . .	6 sotnias (3)
Régiment de cavalerie Terek-Kouban (4). .	6 sotnias. 2 mitrailleuses
Une partie du 1ᵉʳ régiment d'Argoun (5). .	4 sotnias. au moins.

---

(1) Cette batterie avait perdu une pièce à la bataille de l'Ialou.

(2) Ce régiment appartenait à la Division de cavalerie cosaque d'Orenbourg qui avait été complètement disloquée dès son arrivée sur le théâtre de la guerre.

(3) Nom donné à l'escadron dans les régiments cosaques.

(4) Ce régiment formait avec le régiment de Daghestan une brigade de cavalerie qui fut disloquée dès son arrivée. Le régiment de Daghestan fut envoyé au détachement de Pensihou. Il aurait été par suite facile de reconstituer cette brigade, mais on n'en fit rien.

(5) Ce régiment faisait partie de la brigade des Cosaques de Transbaïkalie ; cette brigade était disloquée.

L'ensemble de ces troupes comprenait donc :

24 bataillons d'infanterie,
11 batteries de campagne, 88 canons,
1 batterie de montagne,
16 sotnias.

La brigade Riabinkine (1re Brigade de la 9e Division) occupait au col de Lagooulin une position qualifiée dans les compte-rendus russes de *position avancée*.

La brigade Martson (2e Brigade de la 9e Division) était à Koutsiatsi. Le reste des troupes étaient en réserve à Toundiapou et Anpinlin.

Les trains régimentaires et les convois disposaient de 8 jours de vivres, et 8 autres jours étaient emmagasinés à Anpin et à Koutsiatsi, en prévision de la marche en avant.

Le général Sloutchevski était arrrivé ce jour-la à Toundiapou, venant de Liao-Iang. Le général Kouropatkine était également venu sur le théâtre d'opérations du Xe Corps pour s'y rendre compte personnellement de la situation.

Journées des 25 et 26 juillet. — Le 25, le général Kouropatkine et le général Sloutchevski avec leurs états-majors, et le général Vélitchko, commandant le génie de l'armée, exécutèrent une reconnaissance du terrain à la suite de laquelle le général Vélitchko établit un projet de défense comportant l'occupation des hanteurs d'Iouchoulin comme *position avancée*, et celle des hauteurs à l'ouest du Lan-ho comme *position principale*.

En même temps, dans les instructions laissées au

commandant du X⁰ Corps, le général Kouropatkine lui prescrivait d' « exécuter une offensive méthodique en se fortifiant aussitôt sur les positions oecupées ».

Le 26, le général Kouropatkine repartit pour Liao-Iang. Le général Sloutchevski réunit ses généraux et ses chefs de corps pour leur exposer les instructions du général en chef. Dans son commentaire de ces instructions, il leur indiqua que le X⁰ Corps devait « attaquer l'ennemi si celui-ci ne marche pas sur Moukden, l'inquiéter par de petites attaques s'il reste immobile, et occuper Sihoïan si les Japonais reculent ».

Ces quelques mots suffisent à montrer combien peu net et peu vigoureux était le désir d'offensive du général Sloutchevski.

A la suite de ce conseil de guerre, il fut décidé que la brigade Riabinkine resterait sur la *position avancée* de Lagooulin. En cas d'attaque cette brigade devait se replier lentement de la *position avancée* sur la *position principale* et y repasser en réserve.

Des deux autres brigades, l'une devait rester sur la *position principale*, sur la rive ouest du Lan-ho : un régiment et 2 batteries au nord de la route, un régiment et 3 batteries au sud de la route. Le reste de l'artillerie serait en réserve.

L'autre brigade, tout en restant bivouaquée dans la vallée du Lan-ho où elle constituerait la réserve générale, devait fournir les reconnaissances offensives nécessaires.

Ces deux brigades devaient alterner pour ce service.

On saisit facilement tout la timidité de ces mesures. Ainsi on parle d'offensive ; mais celle-ci se réduira à de petites attaques si l'ennemi reste immobile, et le

Xe Corps ne se portera en avant que si l'ennemi recule de lui-même. En même temps on envisage déjà la retraite au premier mouvement de l'ennemi.

En outre la conception est compliquée, et il en doit résulter des fatigues considérables pour les troupes, dont les deux tiers sont employées à occuper des positions successives. Les reconnaissances, au lieu d'être fournies par la brigade la plus voisine de l'ennemi, doivent l'être par celles stationnées en arrière dans la vallée du Lan-ho, d'où va-et-vient inutiles quotidiens.

Journée du 27. — Le 27 dans l'après-midi, le général Sloutchevski exécuta avec tous les généraux et colonels une reconnaissance au col de Lagooulin. Au cours de cette reconnaissance, on discerna à la jumelle des tranchées japonaises sur les hauteurs de la rive gauche du Si-ho et la présence d'avant-postes ennemis sur le Makouraïama. Le général Sloutchevski compléta cette reconnaissance par une ascension en ballon captif qui ne lui apprit rien de plus.

Les rapports d'espionnage étaient d'ailleurs très complets. Ils signalaient le gros de la 12e Division japonaise, environ 8.000 hommes, entre Hotsiapoutsi et Sihoïan, avec des détachements de sûreté face à Pensihou. Ils annonçaient également l'envoi de partis ennemis vers Moukden.

Après ces trois journées d'immobilité, le général Sloutchevski se décida à faire un bond en avant. Ordre fut donné le soir du 27 à la brigade de la 31e Division de relever le lendemain la brigade Riabinkine sur la *position avancée* et de gagner la position d'Iouchoulin dont on venait de faire la reconnaissance à la jumelle. Le 121e devait marcher avec 2 batteries au sud de la rivière et venir sur les hauteurs d'Iouchoulin ; le 122ᵉ, marcher au nord de celle-ci sur le Makouraïama.

Ce déplacement représentait un bond en avant de 3 ou 4 kilomètres au maximum. C'est la fameuse progression méthodique qui commence. Nous allons voir du reste qu'il ne fut même pas réalisé le 28 et que c'est le 29 seulement que les Russes occupèrent les hauteurs d'Iouchoulin et de Makouraïama.

Journée du 28. — Le 122ᵉ régiment partit à 6 heures du matin d'Anpinlin et arriva à 10 heures 30 à Lioutsalatsi où il trouva le 34ᵉ régiment qui avait un bataillon installé au bivouac près de ce village et un bataillon aux avant-postes sur les hauteurs à l'est ; les deux autres bataillons de ce régiment venaient de recevoir du général Riabinkine l'ordre de gagner la crête à l'ouest de Peïtaïkéou avec l'appui du 122ᵉ, prescription qui ne répondait pas à l'ordre du corps d'armée.

Les deux colonels, d'un commun accord, demandèrent chacun à son général de brigade l'autorisation de ne partir de Lioutsalatsi qu'à 3 heures du soir. Le 34ᵉ reçut en réponse l'ordre de se mettre en mouvement à 1 heure. Ce régiment se mit en route à 1 h. 20 par la vallée, mit une heure et demie pour parcourir 1500 mètres et finit cependant par arriver sur les hauteurs qu'il devait atteindre. Le 122ᵉ se reposa jusqu'à 3 heures, gravit le contrefort à l'est de Lioutsalatsi et reçut à 3 heures 30 l'ordre de s'arrêter pour la nuit autout de Tintiavaïtsou, en arrière par conséquent du 34ᵉ. Le 122ᵉ s'installa au bivouac, couvert vers l'est par le 34ᵉ, vers le nord par des postes de section sur les hauteurs dominant le village, vers le sud par une demi-compagnie dans la vallée.

Le 121ᵉ était venu camper à Lagooulin à côté du gros de la brigade Riabinkine.

Cette journée nous montre une médiocre organisation du commandement et l'inexécution, sans nécessité, des ordres donnés. Le mouvement est lent, les troupes traînent en route et se fatiguent inutilement. Enfin, l'attitude des deux colonels du 34ᵉ et du 122ᵉ montre chez eux peu de désir de marcher.

Journée du 29. — C'est seulement à 6 heures du matin le 29 que s'exécute l'ordre donnée pour le 28 à la brigade de la 31ᵉ Division de passer en première ligne.

Le 121ᵉ vint sans incident occuper la hauteur d'Iouchoulin et le Chisan qui la domine au sud.

Les deux batteries qui l'accompagnaient, prirent position de part et d'autre du petit col marqué sur la crête d'Iouchoulin. Elles n'en bougeront plus jusqu'au combat du 31.

Le 122ᵉ comme la veille marcha au nord du Si-ho. Il commença par porter deux bataillons sur les hauteurs au nord-est de Taïtsiapoutsa et ses deux autres bataillons près de ce village pendant que le 34ᵉ se rassemblait pour aller rejoindre sa brigade à Lagooulin. On n'avait rien vu des Japonais depuis le matin.

Les deux bataillons portés sur les hauteurs s'y étaient installés au repos, bien en vue. Les avant-postes japonais occupant les hauteurs à l'est de la vallée de Peï-taïkéou ne résistèrent pas à la tentation de les fusiller. Il fallut pas mal de temps pour discerner que cette fusillade venait du Makouraïama. On savait pourtant depuis l'avant-veille que ce point était occupé par l'ennemi.

Le colonel du 122e ordonna à son Ier bataillon d'attaquer le Makouraïama. Ce bataillon mit deux compagnies en première ligne. La chaîne partit à la course, par bonds d'échelons de compagnie, sur le versant descendant vers l'ennemi, et passa au pas en arrivant dans l'angle mort. Les Japonais se replièrent quand la chaîne arriva à 800 pas d'eux. Le $\dfrac{\text{I}}{122^e}$ occupa la hauteur. Les trois autres bataillons vinrent se rassembler à son pied ouest, et tout le monde se mit au repos, car il était midi. Les voitures-cuisines furent amenées pour donner aux hommes un repas chaud.

A 3 heures 30, le 122e reprend son mouvement. Le bataillon installé en avant-postes sur le Makouraïama reste sur place, ainsi qu'un second bataillon maintenu en réserve derrière lui. Les deux autres contournent la colline par le sud, accolés et ayant chacun deux compagnies en chaîne. Ils gagnent d'abord un boqueteau à 1.000 mètres à l'est de la colline. De la lisière de ce boqueteau, on aperçoit sur les hauteurs au nord et au sud de la rivière des tranchées japonaises d'où part un feu vif qui empêche de déboucher. A ce moment arrive de la brigade l'ordre « *de ne pas se laisser entraîner.* » Les deux bataillons rompent le combat après avoir perdu sans inutilité 2 tués et 16 blessés, et rentrent à Taïtsïapoutsa où trois bataillons bivouaquent, couverts par quatre compagnies.

Le gros de la brigade Riabinkine s'était rassemblé en réserve à Lagooulin. La brigade Martson était toujours à Koutsiatsi. Toute l'artillerie, sauf les deux batteries ayant marché avec le 121e, était restée à Toundiapou

C'est le 29 au soir que le général Sloutchevski donne l'ordre formant le point de départ des combats d'Iouchoulin et de Penlin qui se livreront le 31 et que nous nous proposons d'étudier. Bien que cet ordre ait été rédigé à 8 heures du soir le 29, il ne fut pas envoyé à tout le monde, et la majeure partie des exécutants n'en eut connaissance que le 30 assez tard dans la journée.

En raison de l'importance de cet ordre, nous allons le reproduire in-extenso.

Ordre N° 1 du X° Corps pour le 31 juillet.

Lagooulin, 29 juillet 1904, 8 h. soir.

L'avant-garde de l'ennemi, forte d'environ une brigade et demie d'infanterie, 18 canons et 5 escadrons occupe Sihoian. D'après les espions, son gros est rassemblé à l'est de Sihoian vers Hounmiaotsi. Le corps sous mes ordres, dans le cas où l'ennemi passerait à l'offensive, acceptera le combat sur les hauteurs à l'est de Mountsiapou.

EN CONSÉQUENCE

I. **Avant-Garde**. Général-lieutenant Mau, commandant la 31ᵉ Division.

1ʳᵉ brigade d'infanterie.   7 batᵒⁿˢ 3/4

31ᵉ brig. d'artⁱᵉ, 1ᵉʳ et 3ᵉ groupes . . . . . 40 canons

1ᵉʳ régᵗ cosaques d'Argoun . . . . . . 1 sotnia

6ᵉ batᵒⁿ de sapeurs . . 1 Cⁱᵉ

Total : 7 batᵒⁿˢ 3/4, 40 canons, 1 sotnia, 1 Cⁱᵉ du génie.

Acceptera le combat sur la position actuellement tenue par ses avants-postes ; position qui par suite doit être dès maintenant assez fortement occupée, cette position sera fortifiée sans retard (1).

---

(1) Cet ordre n'ayant pas été communiqué à temps au 122° régiment ne fut pas exécuté.

II. Gros. Général-major Gerchelmann.
1ʳᵉ brig. d'infⁱᵉ de la 9ᵉ
 Divᵒⁿ d'infⁱᵉ . . . . . 7 batᵒⁿˢ
9ᵉ brig. d'artⁱᵉ . . . . . 40 canons
1ʳᵉ battⁱᵉ de montagne . . 5 canons
1ᵉʳ régᵗ cosaque d'Argoun . 1 sotnia
6ᵉ Batᵒⁿ de sapeurs . . . 1 Cⁱᵉ
  Total : 7 batᵒⁿˢ, 45 canons,
  1 sotnia, 1 Cⁱᵉ du génie.

Occupera les emplacements suivants .
a) 1ʳᵉ brig. de la 9ᵉ Divᵒⁿ (33ᵉ régᵗ et 2 batᵒⁿˢ du 34ᵉ) à l'est de Lago-oulin.
b) L'artⁱᵉ sous la protection d'un batᵒⁿ du 34ᵉ régᵗ à Toundia-pou.

III. Détachement de droite. Général-major Martson.
2ᵉ brig. de la 9ᵉ Divᵒⁿ d'infⁱᵉ . 8 batᵒⁿˢ
9ᵉ brig. d'artⁱᵉ . . . . . 8 canons
1ʳᵉ batterie de montagne . 2 canons
Régᵗ de cavⁱᵉ Térek Kouban . 2 sotnias
1ᵉʳ régᵗ cosaque d'Argoun . 1/2 sotnia
6ᵉ batᵒⁿ de sapeurs . . . 1 Cⁱᵉ .
  Total : 8 batᵒⁿˢ, 10 canons,
  2 sotnias 1/2, 1 Cⁱᵉ du génie.

Couvrira l'aménagement du chemin Lipiou-Tinkan (6 kil. sud de Sihoïan), protégera le flanc droit du corps d'armée, et entretiendra liaison étroite avec celui-ci à gauche, avec le détachement du comte Keller à droite.

IV. Détᵗ de gauche. Gᵃˡ-Major Grékov. (Cᵗ de la Dᵒⁿ cosaque d'Orenbourg (1).
34ᵉ régᵗ d'infⁱᵉ . . . . . 1 batᵒⁿ
1ᵉʳ rég. cosaque d'Orenbourg 5 sotnias.
1ᵉʳ régᵗ cosaque d'Argoun . 1 sotnias.
  Total : 1 batᵒⁿ, 6 sotnias.

Couvrira près de Lioutsalatsi le flanc gauche du corps d'armée et tiendra liaison étroite entre ce dernier à droite, et avec le détᵗ Lioubavine par Tahoïan vers la gauche (le gros du détᵗ Lioubavine est actuellement vers Pensihou).

V. Le régiment de cavalerie Terek-Kouban (4 sotnias) restera en réserve près de la 1ʳᵉ brigade de la 9ᵉ Dᵒⁿ. Le détᵗ d'é-

---

(1) Cette division était complètement disloquée entre les différents groupes que formait alors l'armée russe.

claireurs de ce régiment entretiendra la liaison avec le dét de gauche.

Le dét d'éclaireurs du capitaine Kasanovitch (80 h.) est mis à la disposition du colonel du 121ᵉ régiment pour éclairer sur son flanc droit et le relier au dét de droite.

VI. Les comptes-rendus seront envoyés à Lagooulin.

VII: Le poste principal de pansement sera établi entre le col à l'ouest de Lagooulin et Koutsiatsi.

VIII. Les trains régimentaires reflueront à Toundiapou. Leur protection sera assurée par 1 Cⁱᵉ et 1 peloton de cosaques de chaque division.

IX. Les sections de munitions se placeront en avant de Koutsiatsi.

X. Remplaçants éventuels : général-lieutenant Mau, général-major Gerchelmann.

Ainsi, il n'est déjà plus question du tout d'offensive, mais seulement d'accepter le combat si l'ennemi se porte en avant. Nous trouvons ici un exemple de cette passivité qui a été trop fréquemment le trait caracté-ristique du commandement russe pendant toute cette malheureuse campagne.

L'examen de cet ordre motive de nombreuses obser-vations de détail.

Le gros de l'artillerie, 45 canons, est renvoyé aux bagages de l'autre côté du Lan-ho, comme si on n'en savait que faire. Le bataillon laissé pour la garder se trouve lui aussi hors de portée du théâtre de l'action. Comme si ce n'était pas assez de forces gaspillées, chaque division détache une compagnie et un peloton de cavalerie à la garde de ses trains régimentaires re-jetés cependant en arrière dans une zone sûre.

Les renseignements donnés au général Grékov qui commande le groupe de gauche ne lui signalent que le détachement Lioubavine vers Pensihou ; nous verrons un peu plus loin qu'il y a également de ce côté un fort détachement mixte commandé par le colonel Groulev.

L'emplacement assigné au général Grékov, derrière l'aile gauche et non en échelon en dehors de celle-ci, ne lui permet pas de remplir sa mission de couvrir convenablement la gauche du corps d'armée.

Nous ajouterons qu'un détachement d'éclaireurs montés, fort de 180 hommes, aux ordres du capitaine Ousoubov, dont il n'est pas parlé dans cet ordre, opérait à l'aile nord du Xe Corps, couvrant de ce côté la gauche du 122e régiment d'infanterie.

Des liaisons de toute nature avaient été organisées entre les différents éléments du Xe Corps et avec les détachements voisins comme le montre l'extrait suivant du rapport du chef d'état-major du Xe Corps :

« L'Etat-Major du corps d'armée se trouvait à Lagooulin. Des stations télégraphiques avaient été installées à l'Etat-Major du corps d'armée, à l'avant-garde du Général Mau, près de la 1re batterie de la 31e brigade d'artillerie. Des stations téléphoniques se trouvaient à l'Etat-Major du corps d'armée, à l'Etat-Major de l'avant-garde du général Mau, à l'Etat-Major du général Grékov à Lioutsalatsi, à l'Etat-Major de la colonne du général Martson à l'est de Lipiou, à Toundiapou près du gros de l'artillerie du corps d'armée.

« Une station optique se trouvait à l'Etat-Major du corps d'armée, une à l'avant-garde du général Mau sur les positions du 121e régiment, une à la 1re batterie de la 31e brigade d'artillerie, et une derrière la gauche du 122^e

« Les liaisons avec l'Etat-Major de l'armée à Liao-

Iang et avec l'Etat-Major du Détachement de l'Est étaient assurées par le télégraphe, celles avec le général Lioubavine par des relais.

« Les liaisons entre le Xe Corps et le Détachement de l'Est étaient assurées par un officier d'ordonnance du commandant du corps d'armée, le capitaine Boborikine, du 7e cosaques de Sibérie, et par le lieutenant Maslov, de la batterie de montagne, en train de se relever mutuellement; le lieutenant Derevitski, du 2e régiment de Nertchinsk, avait été détaché par le général Lioubavine à l'Etat-Major du Xe Corps. »

Le service de l'espionnage était bien assuré par le capitaine Rossov, du 20e régiment de tirailleurs de Sibérie orientale.

Journée du 30. — Le 30, la brigade Martson se met en marche, conformément à l'ordre donné le 29 au soir, sur Lipiou et Penlin.

Le gros de la brigade, avec le général, arrive dans l'après-midi à Lipiou.

Une avant-garde fournie par le 35e avait été poussée jusque dans la dépression de Penlin, détachant des postes au col de Penlin est et de Penlin nord, et sur la croupe 620 à l'ouest de ce dernier col ; ce dernier se trouvait en contact avec une demi-compagnie du 121e régiment chargée d'assurer la liaison avec la brigade Martson. En arrivant à Penlin, l'avant-garde avait chassé du col de Penlin est un petit détachement japonais qui s'était replié seulement à 1 kilomètre et avait conservé le contact

Deux compagnies du 35e furent envoyées à Tanjiapoutsi dans la vallée du Lan-ho pour chercher la liaison avec un petit détachement de deux compagnies du IIIe Corps Sibérien qu'on savait à Sandaolin, dans la même vallée.

Les travaux d'aménagement du chemin ne furent pas sans doute poussés assez activement malgré la présence d'une compagnie du génie. Ce qui est certain, c'est que la batterie d'artillerie de campagne ne pourra pas ou ne voudra pas dépasser Lipiou le lendemain.

Le général Sloutchevski avait encore une fois réuni à 2 heures de l'après-midi les généraux et les chefs de Corps de la 31e Division sur la hauteur d'Iouchoulin pour leur donner communication verbale de l'ordre pour le lendemain. Il ajouta qu'on avait constaté à la droite japonaise l'exécution de travaux défensifs et qu'en conséquence on continuerait la progression méthodique :

Le 121e gagnera un peu de terrain en avant.

Le 122e, rejoint par trois batteries, restera sur place.

Le détachement d'éclaireurs Kasanovitch, jusque-là employé à la droite du 121e, ira rejoindre le détachement Ousoubov à la gauche du 122e.

Ces indications étaient en contradiction avec l'ordre écrit daté de la veille au soir, et qui fut remis le soir du 30 à la 31e Division. En transmettant ce dernier, le général Mau spécifia que personne ne bougerait le lendemain. Ce retour à la conception du 29 était motivé par un avis envoyé télégraphiquement par le général Kouropatkine et disant que des rapports d'espionnage annonçaient l'offensive des Japonais pour le 31. Ce renseignement important ne fut pas communiqué aux troupes.

Le colonel du 122e ne rentra à son régiment qu'à 8 heures du soir et ne reçut l'ordre écrit qu'à minuit.

Nous donnons ce renseignement parce qu'il constitue une circonstance atténuante pour l'insuffisance du service d'avant-postes et l'inexécution des travaux de défense prescrits ; les avant-postes avaient à peine ébauché des tranchées sur les emplacements qu'ils occupaient.

Ce que nous venons d'exposer des événements qui se sont déroulés pendant la semaine du 24 au 30 juillet au X⁰ Corps montre l'indécision et la mollesse du commandement, la fréquence des contre-ordres, l'exécution molle ou même l'inexécution des ordres, l'absence de prévoyance de combinaison des opérations avec les colonnes voisines malgré le développement des moyens de liaison.

Groupe de Pensihou. — Nous avons vu que, depuis le 24 juillet, la brigade Lioubavine, le régiment de Daghestan et un bataillon du 1ᵉʳ régiment d'infanterie de Sibérie se trouvaient à Pensihou, en posture de coopérer, si on le voulait, aux opérations du X⁰ Corps.

Le général Kouropatkine ayant des craintes pour la route directe de Sihoïan à Moukden ne la jugeait pas suffisamment gardée par ce détachement. Il prescrivit d'y envoyer le premier régiment qui arriverait par le chemin de fer. Ce fut le 11ᵉ régiment d'infanterie de Pskov, du XVIIᵉ Corps, colonel Groulev, auquel on adjoignit une demi-batterie et une demi-sotnia de cosaques de l'Amour ; les trois premiers bataillons arrivèrent à Pensihou le 28, le dernier le 29 juillet.

Tous ces éléments indépendants les uns des autres ne se soudent pas d'eux-mêmes. Ils n'avaient de com-

mun qu'une vague mission passive de couvrir la direction de Moukden. Les craintes très exagérées du
commandement russe pour cette direction avaient été
encore renforcées par quelques rencontres sans importance de reconnaissances des deux partis au sud et au
sud-est de Pensihou, et surtout par l'apparition d'une
reconnaissance japonaise sur la route de Fouchoun
(est de Moukden), à Tsinkhétchen.

Le 29 juillet, une décision du général Kouropatkine
mit un peu d'ordre dans ce cahos, mais sans donner
des missions plus nettes, et consacra la divergence
des efforts des troupes accidentellement groupées à
Pensihou.

Le major-général prescrivit au colonel Groulev d'assurer la garde de route de Sihoïan à Moukden à l'aide
des éléments suivants :

11e régt de Pskov (du XVIIe Corps). 4 batons	} 5 bataillons	
Un baton du 1er régt sibérien de		
Strietensk . . . . 1 baton		
1/2 batterie du XVIIe Corps. . . .	} 6 pièces	
2 canons des gardes frontières. . .		
Régiment de Daghestan. . . . . 6 sotnias	} 6 sotnias 1/2	
Cosaques de l'Amour. . . . . . 1/2 sotnia		

Il relevait directement du général en chef et était
indépendant aussi bien du Xe Corps que du général
Lioubavine.

Le 30, le général Lioubavine quitte Pensihou avec
sa brigade de cavalerie et se rend à Santsiatsi, à quelques
kilomètres plus en amont sur le Taïtsé-ho. Il y restera
immobile le 31.

Plus à l'est encore se trouvait un petit détachement
mixte commandé par le colonel Madritov.

Ni le détachement du colonel Groulev, ni la brigade du général Lioubavine, bien qu'à portée d'intervenir de la manière la plus utile dans les opérations du X⁰ Corps, n'y auront aucune part.

III⁰ Corps Sibérien. — Le III⁰ Corps Sibérien, qui occupait avec la 6⁰ Division de tirailleurs les hauteurs du col d'Ianselin et avait la 3⁰ Division de tirailleurs en réserve à Liandiasian, n'avait pas l'intention de marcher avant plusieurs jours. Il va se défendre pour son compte à Ianselin.

Il avait, comme nous l'avons déjà indiqué, détaché deux compagnies à Sandaolin, sur le Lan-ho, pour se relier au X⁰ Corps.

Il se trouve à une distance telle de ce corps d'armée que le combat livré par lui à Ianselin le 31 juillet n'aura aucune réaction directe sur ceux livrés par le X⁰ Corps à Penlin et à Iouchoulin.

B. — JAPONAIS

Répartition de la I⁰ Armée. — En face du III⁰ Corps Sibérien, la Garde et la 2⁰ Division japonaise tenaient les hauteurs à l'est du Lan-ho. Le quartier-général du général Kuroki se trouvait auprès de ce groupe à Lanchangouan.

En face du X⁰ Corps russe se trouvait depuis le combat de Sihoïan la 12⁰ Division japonaise, général Inouïé.

Le gros de cette division était rassemblé autour de Sihoïan, couvert par des avant-postes tenant les hauteurs au nord-est d'Hotsiapoutsi et les crêtes à l'ouest de la vallée de Tsé-ho, au sud de ce même village. La 12e Division avait poussé à quelques kilomètres en avant de ses avant-postes de petits détachements avancés tenant le Makouraïama, le Chisan et Penlin. Ces détachements se replièrent quand les Russes s'avancèrent en force, mais en conservant le contact.

Composition de la 12 Division. — La 12e Division fut renforcée le 29 juillet par une brigade de kobi (1) qui jusque-là avait gardé la route d'étapes. Les Japonais avaient donc de ce côté les forces suivantes :

12e Division	12ª brig. géné.-major Sasaki 14ª et 17e régiments d'inf. 23e brig. gén.-maj. Kigochi 24º et 46e régiments d'inf.	12 bataillons
	5 batteries de montagne (2)	30 canons
	12e bataillon de pionniers	3 compag.
	12e régiment de cavalerie	3 escadrons
Brigade de kobi, Général-major Umesawa.	1er rég. de kobi de la Garde, 2 bataillons 2e rég. de kobi de la Garde, 1 bataillon 39e rég. de kobi de la Garde, 2 bataillons	5 bataillons
	1 batterie de camp. de kobi.	6 canons.
	1 escadron de kobi	
	1 compag. du génie de kobi	

Ordres donnés à la Irе Armée. — Le général Kuroki, informé de la formation de gros rassemblements russes à Lagooulin et à Pensihou, avait de l'in-

---

(1) Troupes de réserve.
(2) Une brigade de la 12e Division se trouvait avec la Garde.

quiétude pour son aile nord. Les positions occupées par son armée étaient très étendues et une offensive russe aurait pu les percer. Dès qu'il eut connaissance de la prescription du maréchal Oyama de faire avancer les armées japonaises, il résolut d'attaquer partout à la fois les forces russes placées en face de lui, en même temps que les IIe et IVe Armées se porteraient contre le Groupe russe du Sud.

Son ordre d'offensive donné le 30 juillet peut se résumer ainsi :

La Garde attaquera le col d'Ianselin et débordera par le sud les forces ennemies qui l'occupent.

La 2e Division (moins 4 bataillons) prendra le contact de l'ennemi sur son front à l'est d'Ianselin et attendra l'ordre de passer à l'offensive.

La 12e Division renforcée par la brigade de kobi attaquera l'ennemi sur Iouchoulin.

La 15e brigade Okasaki, de la 2e Division (30e et 16e régiments), moins deux bataillons, attaquera la droite du groupe ennemi d'Iouchoulin pour aider la 12e Didision.

Le groupe japonais du nord va donc comprendre en tout :

21 bataillons
- 12 de la 12e Division,
- 5 de kobi,
- 4 de la brigade Okasaki.

6 batteries dont une seule de campagne.

4 escadrons.

Ordre donné par le général Inouïé. — Voici le texte *in-extenso* de l'ordre donné le 30 juillet à 10 heures du soir par le général Inouïé à la 12e Division :

Sihoïan, 30 juillet, 10 h. soir.

I. — **Protection de la droite en 3 groupes :**
2 bataillons du 39° régiment kobi et 1/4 escadron kobi à Laomoulin ;

Le $\dfrac{\text{III}}{47^e}$ et 3/4 escadron kobi à Tchentchinlin ;

1/2 bataillon du 46° régiment et une patrouille de cavalerie à Fouñtinlin.

Assureront la sécurité du flanc droit de la division contre Pensihou.

II. — **Colonne de droite ;** général-major Kigochi.
23° brigade d'infanterie (moins 1/2 bataillon).
gros du 12° régiment de cavalerie (1 escadron et demi).
12° régiment d'artillerie de montagne (moins 2 batteries).
Batterie kobi de campagne.
1 compagnie du génie.
1 section d'ambulance.
S'emparera le 31 à 5 heures du matin des hauteurs au nord-est d'Iouchoulin et à l'ouest d'Houanhounkéou, et attaquera ensuite l'ennemi sur la hauteur à l'ouest d'Iouchoulintsi.

III. — **Colonne de gauche ;** général-major Sasaki.
12° brigade d'infanterie (moins 1 bataillon).
3° escadron du 12° régiment de cavalerie.
1re batterie de montagne du 12° régiment d'artillerie.
1 compagnie du génie.
1 section d'ambulance.
Attaquera l'ennemi à Penlin. Elle partira de Daïtaïkeou le 31 juillet à 3 heures 30 matin.

IV. — **Réserve.**
3 bataillons kobi de la Garde, se rassemblera à 5 heures matin à Sihoïan.

Le général Inouïé choisit comme observatoire les hauteurs au sud de Fanchinlin d'où l'on voit très bien toute la vallée du Si-ho et les montagnes qui la bordent. Une liaison téléphonique sera établie entre lui et la brigade Kigochi. Une autre ligne sera poussée vers Daïtaïkéou, sur les derrières de la brigade Sasaki, et prolongée par estafettes.

L'état-major de la 12e Division était relié télégraphiquement et téléphoniquement par l'arrière avec le quartier-général de la Ire Armée.

Nous attirons tout de suite l'attention sur la différence de ton de cet ordre et de l'ordre du Xe Corps russe.

Ici la volonté d'offensive est nette et positive, les objectifs précis. Les exécutants ne peuvent avoir aucun doute ni sur leur rôle, ni sur les intentions du commandement.

CHAPITRE IV

MARCHE DE L'ACTION JUSQUE VERS 9 HEURES 30 DU MATIN

L'action comporte deux engagements séparés : l'un à Iouchoulin, l'autre à Penlin. Dans le premier, il y a en outre deux secteurs nettement marqués, au nord et au sud du Si-ho, qui forment à leur tour deux zones bien distinctes.

Nous étudierons cependant les événements survenant dans les différents secteurs en les groupant selon l'ordre chronologique, à cause des réactions indirectes exercées par les événements survenant dans les divers secteurs sur les secteurs voisins.

A. — COMBAT A L'AILE NORD

Mise en route de la brigade Kigochi. — La brigade Kigochi se mit en route avant le jour en deux groupes :

Groupe nord, dans la vallée du Si-ho et sur sa rive droite, 2 bataillons et demi du 46ᵉ que le $\dfrac{1}{24^e}$ suivait comme réserve de brigade ; la cavalerie couvrait l'aile nord.

Groupe sud, $\dfrac{\text{II et III}}{24^e}$, progressant par les hauteurs de la rive gauche.

L'artillerie se plaça toute entière dans la vallée près d'Hotsiapoutsi. Les emplacements de batterie avaient été préparés d'avance : elle fut en position avant le jour.

Les 3 bataillons de kobi formant la réserve générale partent à 5 heures du matin seulement de Sihoïan pour venir se rassembler à l'est d'Hotsiapoutsi.

Surprise du 122ᵉ russe par le $\dfrac{\text{I}}{46^e}$. — Le groupe nord s'était rassemblé dans la nuit près d'Hotsiapoutsi. Il y franchit le Si-ho à gué puis se redressa sur la rive droite face à l'ouest.

Les $\dfrac{\text{I et II}}{46^e}$ étaient en première ligne, le $\dfrac{1/2 \text{ III}}{46^e}$ suivait en réserve de régiment. En face se trouvait le 122ᵉ russe qui avait son IIIᵉ bataillon aux avant-postes sur le Makouraïama et sur l'arête montagneuse à l'est de Peïtaïkéou ; les hauteurs tenus par les avant-postes russes ne sont qu'à 400 mètres de l'emplacement du bivouac du gros du 122ᵉ.

A droite le $\dfrac{\text{I}}{46^e}$ longea le pied des collines et gravit juste à l'aube la croupe à environ 300 mètres au nord du col dénudé qui rattache le Makouraïama au contrefort situé à l'est de Peïtaïkéou. Il y surprit à 4 heures 15 un petit poste russe mal gardé et endormi. A peine les Russes eurent-ils le temps de tirer un ou deux coups de feu avant de s'enfuir. Les Japonais les suivirent à la course. Leur compagnie de gauche vint couronner

le mamelon dominant le col au nord et y arriva juste
à temps pour y devancer de quelques pas le gros de
la grand'garde russe qui y accourait en désordre ; elle
l'accueillit par un feu violent. Le capitaine de la compagnie russe fut tué, le lieutenant blessé, et la compagnie recula.

Voici comment le général Hamilton raconte cet incident :

« Comme d'habitude, les Japonais eurent la chance
et atteignirent la crête quand les Russes en étaient
encore à 10 mètres. En arrivant à la crête, les fantassins japonais furent très surpris de se trouver face à
face avec une troupe de soldats russes à demi-vêtus,
en désordre, hors d'haleine et semblant sans chefs. En
un instant, les Japonais se précipitèrent vers eux et
tirèrent, à bout portant, dans cette masse si bien exposée. Bien que dans la proportion de 2 à 1, les Russes
avaient tout contre eux. Les hommes étaient en désordre et ne semblaient pas avoir de chefs. Les soldats
ne pouvaient comprendre ce qui arrivait et étaient séparés de leurs propres officiers.

« Au contraire les Japonais étaient en bon ordre,
bien éveillés et savaient exactement ce qu'ils faisaient.
Dans ces conditions, on doit féliciter les Russes qu'il
n'y ait pas eu de panique, et, sans avoir gagné la
crête, ils disputèrent pendant plus d'une demi-heure
la possession du col aux Japonais. Les Japonais
qui n'étaient pas engagés dans ce combat sur le
penchant de la colline, étaient libres de tirer dans
le camp russe qui se trouvait bien en vue au-dessous
d'eux à 250 yards de distance. Heureusement pour
les Russes, les Japonais ne tirent pas aussi bien que
les Boers ; autrement, peu des leurs seraient restés
debout. »

Pendant ce temps, le gros du $\frac{I}{46^e}$ était arrivé à la crête juste au-dessus du camp russe. Il ouvre aussitôt le feu contre lui.

Les hommes y étaient levés et équipés, mais les tentes n'étaient pas encore abattues. Dès les premiers coups de feu, la compagnie de piquet fut envoyée sur un mamelon au nord-ouest du camp, deux autres (8e et 15e), sur un autre mamelon au sud-ouest ; elles se déployèrent pour faciliter le repli. En même temps le lieutenant-colonel Lippoman, commandant le IIe bataillon, prenait de sa propre initiative l'offensive avec 6 compagnies contre la gauche du $\frac{I}{46^e}$ Japonais. Mais son mouvement qui s'exécutait en terrain complètement découvert, se fit dans une formation trop dense, sans être appuyé par les batteries d'Iouchoulin, ni même par le feu des fractions du $\frac{I}{122^e}$ occupant le Makouraïama. Les compagnies du lieutenant-colonel Lippoman subirent tout de suite des pertes sensibles et lui-même fût mortellement blessé. Le colonel du 122e rappela alors ces compagnies dont le mouvement avait notablement facilité le décrochage du reste du régiment.

Le résultat eût pu être tout autre si les batteries installées à Iouchoulin étaient intervenues dans l'action, car entre temps le jour s'était complètement levé. Mais ces batteries n'osèrent pas tirées parce qu'elles étaient sans liaison directe avec le 122e, et qu'elles craignaient de tirer sur des troupes amies (1).

---

(1) La liaison entre le 122e et ces batteries ne sera établie qu'à 10 heures 30, par un officier d'infanterie se rendant aux batteries pour leur expliquer la situation.

A 6 heures, le régiment presque tout entier se trouvait ramené en position sur les hauteurs à l'ouest de la vallée de Peïtaïkéou :

2 compagnies sur le mamelon le plus au sud ;

6 compagnies au centre sur la crête et 2 en contrebas sur un mamelon un peu en avant ;

1 compagnie un peu plus au nord sur la crête ;

3 compagnies sur un mamelon situé à environ 1800 mètres de la droite du régiment ;

2 compagnies (3e et 4e) en réserve derrière le centre.

Quelques petites fractions tenaient encore sur le Mahouraïama, provenant soit des avant-postes, soit des compagnies ayant exécuté la contre-attaque menée par le lieutenant-colonel Lippoman.

Le 122e était couvert à gauche par les éclaireurs montés du détachement Ousoubov et plus loin encore par le détachemsnt Kasanovitch.

En somme, le 122e avait été surpris et bousculé par un seul bataillon japonais. Il avait perdu 150 hommes pendant la contre-attaque du lieutenant-colonel Lippoman, 275 autres dans le reste du régiment. Il est atteint dans son moral et se sent inférieur à l'ennemi qui combat contre lui ; il se bornera toute la journée à un combat par le feu.

Quant aux Japonais, ils ont conscience de leur infériorité numérique, et n'ont pas pu profiter à fond de la surprise. Une fusillade violente s'engage entre les deux partis sans que le $\frac{I}{46^e}$ progresse. Dès qu'une fraction essaie de se lever, les Russes dirigent contre elle des feux de salve, et elle s'arrête.

Prise du Makouraïama. — Le $\dfrac{\text{II}}{46^e}$, commandant Tachibana, avait cheminé dans la vallée au milieu des champs de gaolian. Il n'avait rencontré aucune patrouille russe et avait pu arriver sans être décelé jusqu'à Foudiapousa, presqu'au pied du Makouraïama. Il était à ce moment 5 heures 30.

Ce bataillon est alors découvert. Il reçoit des coups de fusil des avant-postes occupant la colline et un tir oblique du 121ᵉ qui occupe la hauteur d'Iouchoulin. A partir de 6 heures, les batteries russes ouvrent également le feu sur lui. Bien que rejoint par la $\dfrac{12^e}{46^e}$, le IIᵉ bataillon se masque dans les cultures et ne progresse plus.

A partir de 6 heures, les Russes évacuent peu à peu le Makouraïama. Pourtant le $\dfrac{\text{II}}{46^e}$ ne cherche pas à donner l'assaut, même quand, à 7 heures 20, l'artillerie japonaise ouvre le feu contre la crête. Il gagne seulement par petits paquets l'angle mort au pied de la colline et y attend l'effet de flanc du $\dfrac{\text{I}}{46^e}$ Ce cheminement n'est plus gêné par l'artillerie russe car celle-ci, dès l'ouverture du feu des batteries japonaises a cherché à les prendre à partie. Peu à peu toutes les batteries japonaises entrent en action soit contre le Makouraïama, soit contre les deux batteries russes d'Iouchoulin.

Enfin, entre 7 heures 30 et 8 heures, le $\dfrac{\text{I}}{46^e}$ détache des fractions contre le Makouraïama, que les derniers tirailleurs russes abandonnent un peu après 8 heures.

A 8 heures 30 seulement le $\frac{II}{46^e}$ en occupe la crête.

Il s'y trouve d'ailleurs hors d'état d'agir utilement par son feu sur les hauteurs d'Iouchoulin qu'il domine, parce que l'artillerie russe et la gauche du 121e rendent intenable par leur feu la crête du Makouraïama. Bien que rejoint à 9 heures par la $\frac{4^e}{24^e}$ ce bataillon ne progressera plus.

Un peu avant 9 heures, le colonel du 122e russe rendit compte que le combat par le feu était violent, surtout à sa gauche, et il demanda des renforts à son général de division.

Emploi de l'artillerie. — Il est nécessaire d'insister sur l'emploi de l'artillerie pendant cette phase.

5 batteries de campagne (40 canons) sont à la disposition du général Mau, commandant la 31e Division russe. Il n'en a que 2 en position. La 2e et la moitié de la 1re batterie sont au nord du petit col d'Iouchoulin ; l'autre demi-batterie est installée à 400 mètres au sud du col. Les trois autres batteries restent inutilisées sous prétexte qu'il n'y a pas de positions convenables. C'est une mauvaise excuse ; le major prussien von Tettau et le colonel d'artillerie russe Bibikov disent formellement le contraire.

A partir de 6 heures, les 1re et 2e batteries russes surveillent la progression du $\frac{II}{46^e}$. A 7 heures 30, elles se laissent entraîner à une lutte d'artillerie à portée exagérée ; 4.400 mètres, contre des batteries bien masquées et presque invisibles. Quant aux batteries japonaises, elles ne pouvaient attendre aucun résultat de cette lutte parce que les batteries russes n'étaient visibles que par leurs lueurs, et d'ailleurs enterrées.

A 8 heures 30, quand le $\frac{\text{II}}{46^e}$ couronne le Makouraïa-ma, les batteries russes en canonnent violemment la crête à des portées variant entre 1.500 et 2.000 mètres. Elles neutralisent ainsi complètement ce bataillon qui aurait pu devenir très gênant.

Les batteries japonaises profitent de ce moment pour faire vers 9 heures un bond en avant d'environ 600 mètres. Ce bond avait été soigneusement préparé d'avance, des chemins tracés dans le gaolian, des emplacements de pièces et des tranchées pour les servants creusés sur la nouvelle position et munis de pare-éclats en madriers ; à certains passages découverts, on avait aménagé des masques formés par des rideaux de gaolian.

Grâce à ces précautions, la batterie de campagne et une batterie de montagne gagnent sans être vues la nouvelle position sur les hauteurs à l'ouest d'Houanhoun-kéou. Elles y sont si bien masquées qu'elles ne perdront pas un homme de toute la journée. De là elles peuvent mener la lutte d'artillerie contre les batteries russes d'Iouchoulin et agir contre le 121ᵉ, mais elles sont absolument hors d'état d'appuyer l'action du 46ᵉ japonais contre le 122ᵉ.

Les 2ᵉ et 3ᵉ batteries de montagne essaient de franchir le Si-ho pour venir sur le Makouraïama. Il n'y avait pas de masque pour dissimuler la traversée de la rivière. Elles sont saisies à plus de 3000 mètres par l'artillerie russe. Un seul shrapnel met 14 hommes et plusieurs chevaux par terre. On eut grand'peine à sauver le matériel. Les batteries finirent pourtant par passer par petits groupes et se masquèrent sur la rive nord dans le gaolian ; mais elles avaient perdu du temps. Elles ne rentreront pas en action avant 10 heures 30.

La dernière batterie japonaise avait été laissée sur la première position pour protéger le mouvement ; elle y restera jusque dans l'après-midi.

Groupe Grékov. — Le général Grékov avait poussé dès le jour le $\dfrac{IV}{34^e}$ au col au nord-est de Lioutsalatsi, et une sotnia d'Orenbourg par Ianchentchouan sur la rive nord du Taïtsé-ho pour chercher la liaison avec le détachement russe de Pensihou. Il demanda un second bataillon pour pouvoir en pousser un sur Ianchentchouan comme repli des reconnaissances qu'il se proposait d'envoyer à l'aile nord ; ce bataillon, $\dfrac{III}{34^e}$, lui fut donné de très bonne heure par le commandant du Xe Corps. Mais le général Grékov, impressionné par les événements survenus au 122e, laissa le $\dfrac{IV}{34^e}$ au nord-est de Lioutsalatsi près du gros de sa cavalerie quand ce bataillon y arriva.

Il envoya cependant deux sotnias d'Orenbourg rejoindre les détachements d'éclaireurs montés pour épauler de ce côté la gauche du 122e. Ces deux sotnias feront toute la journée du combat à pied, de concert avec les éclaireurs montés, contre l'extrême droite du 46e japonais.

Action au sud du Si-ho. — Au sud du Si-ho, il n'y aura de toute la journée qu'une lutte languissante entre le 121e russe et les $\dfrac{II \text{ et } III}{24^e}$ japonais.

Le 121e avait 3 bataillons en première ligne pour tenir un front de près de 3 kilomètres, et il étendait sa droite jusqu'à la hauteur 462, au sud-ouest de Likéou. Trois compagnies restaient en réserve de régiment. Une demi-compagnie était détachée vers le sommet 650 pour assurer la liaison avec la brigade Martson. Le gros du régiment bivouaquait sur les positions même du combat et n'avait poussé en avant-postes que de faibles fractions au-delà de Lintcha et de Likéou.

Les $\dfrac{\text{II et III}}{24^e}$ japonais gagnent de nuit les hauteurs à l'est et au sud de Liutcha sur lesquelles ils arrivent au jour. Ils en chassent sans peine les faibles postes russes, et se trouvent alors à 1000 mètres des tranchées du 121e dont les sépare une large vallée découverte et bien battue.

Le front occupé par ces deux bataillons était de 2500 mètres et ne présentait pas par suite une densité suffisante. Ils n'ont pas l'assurance d'être appuyés par leur artillerie et ne le seront du reste qu'indirectement quand la lutte d'artillerie détournera d'eux l'attention de l'artillerie russe. Ils constatent que les Russes sont retranchés.

Aussi ne montrent-ils ni confiance ni entrain. Leur droite s'arrête à hauteur de Lintcha et s'y creuse des tranchées. La gauche gagne les hauteurs à l'est de Likéou et fait de même. Manifestement, le colonel Harada, commandant le 24e, juge l'opération de l'attaque du Chisan trop dangereuse. Il se contente de fixer l'ennemi par un combat de feu traînant et de se retrancher pour être prêt à résister à une offensive possible, et il attend ainsi l'intervention de la brigade Sasaki.

B. — COMBAT DE PENLIN ; DÉBUTS JUSQU'A 9 HEURES 30.

Dispositions des Russes. — Le matin du 31, la brigade Martson, pas plus que celle de la 31e division, ne se porte en avant. Elle prend des dispositions nettement défensives au col de Penlin ouest :

3 compagnies du 35e, commandées par le capitaine Khalmkov, occupent la hauteur 620 et la crête au nord-ouest, en liaison avec une demi-compagnie du 121e ;

9 compagnies du 36e tiennent les abords du col de Penlin ouest ;

5 compagnies du 35e et 2 du 36e, sous les ordres du lieutenant-colonel Ekk, sont sur les hauteurs au sud de ce col ;

le $\dfrac{\text{III}}{35^e}$ et 5 compagnies du 36e sont en réserve derrière le col de Penlin ouest.

Une demi-sotnia du régiment Térek-Kouban couvrait la gauche. Une sotnia et demie de ce régiment et la demi-sotnia des cosaques d'Argoun, chargées de garder la droite, tenaient face au sud la crête de la montagne s'élevant à l'ouest de Tchoaïlin que les Japonais ont baptisés mont Okasaki.

La batterie avait été laissée en arrière à Lipiou avec 2 compagnies du 35e comme escorte. Le compte-rendu officiel russe dit que les deux pièces de montagne se trouvaient au groupe Khalmkov, mais elles n'ont sûrement pas tiré et aucun récit ne parle de leur action. Deux autres compagnies du 35e, détachées la veille à Tanjiapoutsi pour assurer la liaison avec le IIIe Corps sibérien, y sont maintenues. En somme toute l'artillerie et 4 compagnies d'infanterie ne sont pas utilisées.

Remarquons tout de suite l'insuffisance du service de sécurité à l'aile droite. Le mont Okasaki aurait dû être tenu solidement par de l'infanterie, et la cavalerie poussée au loin vers le sud pour reconnaître.

Signalons également l'inutilisation de toute l'artillerie. En admettant que le chemin ne fût pas praticable pour elle, on aurait pu lui faire prendre position aux abords de Lipiou pour tenir éventuellement sous son feu le sommet du mont Okasaki.

Enfin, il faut indiquer également que dès le matin, avant le début de l'action, on a déjà mélangé les unités et que le 35ᵉ a des compagnies aux deux ailes.

Mise en route de la brigade Sasaki. — Le général Sasaki disposait du 14ᵉ régiment en entier, des $\dfrac{\text{I et II}}{47^e}$ et d'une batterie de montagne.

Dès 2 heures du matin, la $\dfrac{2^e}{14^e}$ occupe le col de Penlin est pour couvrir le rassemblement de la brigade à Daïtaïkéou. A 3 h. 30, les trois autres compagnies du $\dfrac{\text{I}}{14^e}$ se mettent en marche sur le col de Penlin nord; les deux autres bataillons de ce régiment avec la batterie marchent sur le col de Penlin est, suivis à 5 h., par les deux bataillons du 47ᵉ.

Le $\dfrac{\text{I}}{14^e}$ se déploie au nord du col de Penlin est et attaque à 5 h. 15 dans la direction du col de Penlin nord et du sommet 620.

Le $\dfrac{\text{II}}{14^e}$ se déploie sur les hauteurs au sud du chemin et progresse vers le col de Penlin ouest.

Le $\dfrac{\text{III}}{14^{e}}$ reste en réserve de régiment non loin de la batterie qui prend position au col de Penlin est pour appuyer le mouvement des bataillons de première ligne.

L'escadron couvrait la gauche.

Combat de la brigade Sasaki. — A 5 h. 40, les chaînes japonaises étaient arrivées à 100 mètres des Russes. Elles sont alors arrêtées par un violent feu d'infanterie, particulièrement gênant des abords de la côte 620 qui prenait en flanc le $\dfrac{\text{II}}{14^{e}}$. La batterie ouvre le feu contre cette hauteur pour appuyer le mouvement. L'absence de riposte de l'artillerie russe, raconte le général Hamilton, encouragea beaucoup les Japonais. Pourtant la progression était enrayée sur tout le front et il semblait impossible de la reprendre tant que 620 ne serait pas tombé.

L'artillerie japonaise n'était pas tout d'abord parvenue à discerner les emplacements exacts des tirailleurs russes masqués dans un chemin creux. La position exacts de ce chemin fut décelée un peu plus tard par l'arrivée d'un renfort qu'on y vit disparaître tout à coup ; le tir fut alors vite réglé et le $\dfrac{\text{I}}{14^{e}}$ commença à progresser. En même temps un tout petit groupe de japonais, sept hommes en tout à ce que raconte le capitaine anglais Jardine, avait gagné sur la gauche des Russes un emplacement d'où ils enfilèrent le chemin creux. Les Russes abandonnent peu à peu ce chemin et à 6 heures 30 les tirailleurs japonais du $\dfrac{\text{I}}{14^{e}}$ s'y précipitent.

À 7 heures, le général Martson envoie le $\dfrac{\text{III}}{35^e}$ pour renforcer sa gauche, et les cinq compagnies de réserve du 36e appuyer à droite le lieutenant-colonel Ekk.

Mais le $\dfrac{\text{III}}{35^e}$ arrive trop tard ; les Japonais couronnaient déjà le sommet 620. Le bataillon est accueilli de là par une violente fusillade à petites portée et rejeté sur la crête à l'ouest, ainsi que les trois compagnies du groupe Khalmkov. De là, ces compagnies empêchent par leur feu toute progression ultérieure du $\dfrac{\text{I}}{14^e}$.

Pendant ce temps, le $\dfrac{\text{II}}{14^e}$ n'avait pu progresser. Le lieutenant-colonel Ekk, après avoir reçu le renfort des cinq compagnies du 36e envoyées de la réserve, était passé à l'offensive contre lui et commençait à en déborder la gauche. À ce moment, la batterie japonaise prit spécialement sous son feu la droite russe. Malgré ce feu, la progression du lieutenant-colonel Ekk devenait inquiétante quand arriva le 47e régiment japonais.

Aussitôt le $\dfrac{1}{47^e}$ est engagé à cheval sur le chemin conduisant au col de Penlin ouest. Le $\dfrac{\text{III}}{14^e}$ et deux compagnies du $\dfrac{\text{II}}{47^e}$ vont appuyer la droite. Le général Sasaki ne conserve en réserve que les deux dernières compagnies de ce bataillon. Le mouvement du lieutenant-colonel Ekk est enrayé, mais la brigade Sasaki est hors d'état de gagner du terrain.

C'est alors, à 8 h. 40, que le général Martson apprend par sa cavalerie qui se replie, l'approche de la brigade

Okasaki. Il ordonne la retraite qui commence par le groupe du lieutenant-colonel Ekk. Aussitôt les 14e et 47e régiments japonais se portent en avant sur tout le front.

Aucune mesure n'est prise par le général Martson pour tenir les hauteurs dangereuses au sud du chemin par lequel il se retire, ou pour les faire au moins battre par le feu de l'artillerie. Le gros de la brigade russe s'écoule par le fond de la vallée.

A 9 h. 30, la brigade Sasaki occupe la position que les Russes tenaient le matin à hauteur du col de Pen-lin ouest.

Ce petit combat y avait amené le mélange des invités ; les troupes s'arrêtent pour se remettre en ordre. C'est à ce moment qu'arrive la brigade Okasaki.

Mise en route et marche de la brigade Okasaki. — Le général Okasaki disposait du 30e régiment au complet (colonel Baba) et du $\dfrac{\mathrm{II}}{16^e}$.

Il rassembla sa brigade à 1 h. du matin au nord de Siamatoun, ce qui motiva la mise en marche de certains éléments à partir de 11 heures du soir. La brigade partit de son point de rassemblement à 2 h. du matin par de très mauvais sentiers sur le col de Pen-lin ouest.

Le $\dfrac{\mathrm{II}}{16^e}$ précédait l'avant-garde avec mission de fournir sur la gauche un certain nombre de flanc-gardes qui devaient rejoindre en queue après l'écoulement de la colonne.

L'avant-garde était constituée par le $\dfrac{\mathrm{III}}{30^e}$ sous les ordres du colonel Baba, avec quelques cavaliers. Le gros, formé par les $\dfrac{\text{II et III}}{30^e}$, avec le général Okasaki, suivait à 800 mètres.

La marche fut très pénible à cause de la nature très difficile du terrain, l'avant-garde arriva à 7 h. 20 à Tchoaïkéou sans avoir reçu aucun renseignement. A 8 h. ses patrouilles constatèrent la présence des Russes sur le mont Okasaki : c'étaient les cavaliers de Térek-Kouban pied à terre qui, de leur côté, signalèrent l'arrivée de la colonne japonaise. Nous avons dit que ce renseignement parvint à 8 h. 40 au général Martson.

L'avant-garde de la brigade Okasaki se déploya aussitôt et attaqua les cavaliers de Térek-Kouban. A ce moment la liaison se trouva établie par une patrouille d'officier avec la brigade Sasaki.

Le $\dfrac{\text{II}}{30^e}$ prolonge aussitôt l'avant-garde à gauche. La marche en avant est rapide en raison de la supériorité écrasante des Japonais. Les cavaliers de Térek-Kouban abandonnent la crête entre 9 h. et 9 h. 30. Rien ne couvre plus l'aile sud russé pendant que le gros de la brigade Martson s'écoule dans le fond de la vallée ; elle n'aura pas le temps d'en sortir avant que les fantassins du général Okasaki couronnent la crête. Nous verrons tout à l'heure ce qui en résultera.

Fonctionnement du commandement russe. — Le général Sloutchevski avait admis le principe de ne pas bouger de son quartier général, pour être au centre où devaient aboutir tous les renseignements. Réveillé à 4 heures 30 du matin par la fusillade éclatant du côté du 122ᵉ, il reste donc à son quartier-général à

Lagooulin, et n'intervient pas dans la conduite de l'action de la brigade de la 31e Division. Il accorde de très bonne heure le $\dfrac{III}{34^e}$ au général Grikov, dépensant ainsi sans nécessité un bataillon de sa réserve.

Il avait envoyé de bonne heure son chef d'état-major, le général Tsourikov, voir ce qui passait du côté de la brigade Martson. Le général Tsourikov, arrivé à Penlin, y resta jusqu'à 8 heures. Il avait vu perdre la hauteur 620. Il fit demander des renforts au commandant de corps d'armée ; son compte-rendu fut porté par estafette à Lipiou et transmis de là par le téléphone. Le renseignement parvint vers 9 heures au général Sloutchevski qui donna l'ordre aux 4 sotnias du régiment Térek-Kouban conservées à la réserve d'aller appuyer la brigade Martson. Ces sotnias partirent de Lagooulin un peu avant 10 heures.

CHAPITRE V

ÉVÉNEMENTS ENTRE 9 HEURES 30 ET MIDI

A. — À L'AIDE NORD

Rive nord du Si-ho. — En constatant l'échec du 122e, le général Mau avait ordonné au 121e d'envoyer trois compagnies au 122e et demandé des renforts au commandant de corps d'armée. Mais beaucoup de temps se passe avant l'arrivée des compagnies du 121e. La première arrivera à 11 h., une autre tard dans l'après-midi, la troisième semble n'avoir jamais rejoint le 122e. On est frappé de la lenteur d'exécution de ces mouvements.

Entre 9 h. 30 et 10 h. la droite du $\dfrac{I}{46^e}$ japonais déjà renforcée par la $\dfrac{11^e}{46^e}$ reçoit encore la $\dfrac{1^{re}}{24^e}$ elle essaie alors de déborder l'aile gauche du 122e russe. Mais elle est arrêtée par le feu des éclaireurs montés et des deux sotnias d'Orenbourg.

Sur le compte-rendu qui lui est fait de cette tentative, le général Sloutchevski prescrit à 10 h. au général Grékov d'épauler le 122e et il met à la disposition du général Mau le $\dfrac{IV^e}{33^e}$ prélevé sur la réserve. Le général Mau envoie ce bataillon derrière le 122e, à la disposition du colonel; il y arrive à 11 h.

A ce moment, le général Sloutchevski rend compte au général Kouropatkine par télégraphe que la situation est sérieuse partout et demande que la 3e Division, du XVIIe corps, qui se trouvait à Liao-Iang, soit envoyée de son côté. Il avise en même temps par télégraphe le général Keller qui lui répond à 11 h. du matin que lui-même est attaqué partout, surtout sur sa droite.

Vers 10 h. 30, un incident se produit par suite de l'entrée en action de la 3e batterie de montagne japonaise.

Cette batterie arrive à ce moment au col au nord du Makouraïama, à 900 mètres des tirailleurs russes. Elle ouvre le feu par surprise; une vingtaine d'hommes sont mis hors de combat dans la même compagnie qui manque de se débander. Le colonel Klembovski, commandant le 122e, s'apercevant de la situation, se porta près de cette compagnie, et, après avoir calmé les hommes, ramena la compagnie à l'abri de la crête. Au bout d'une demi-heure, la batterie japonaise, prise à partie par l'artillerie russe d'Iouchoulin et en butte à une vive fusillade, fut forcée de cesser le feu, et la compagnie du 122e réoccupa la crête qu'elle avait un moment abandonnée.

La 2e batterie de montagne, restée dans la vallée, prit position vers 11 heures, entre Lioudiapousa et la rivière, et canonna à 3000 mètres l'artillerie russe, de concert avec les deux batteries venues à 9 heures à l'ouest d'Houanhounkéou. La dernière batterie restait encore sur la position du matin.

En même temps les batteries d'Iouchoulin commencent à intervenir contre le centre et la droite des 46e japonais, parce que la liaison a fini par s'établir entre elles et le 122e ; un capitaine de ce régiment était venu aux batteries pour leur préciser leurs objectifs les plus gênants pour le 122e.

Vers 11 heures également, le $\dfrac{IV}{33^e}$ et une compagnie du 121e rejoignent le 122e. Ces troupes sont réparties sur tout le front :

2 compagnies du 33e vont renforcer à gauche les éclaireurs montés ;

1 rejoint les deux compagnies du 122e qui occupaient le mamelon avancé ;

La compagnie du 121e double la compagnie du 122e formant la droite du secteur de gauche.

Par contre, des deux compagnies du 122e qui avaient reçu l'ordre de repasser en réserve, une était partie pour Lioutsalatsi sous prétexte d'aller y chercher ses manteaux, l'autre était repassée sur la rive gauche du Si-ho où il fut impossible de la retrouver.

Le combat par le feu continuait toujours. A plusieurs reprises, les Japonais essaient de franchir par petits paquets la crête occupée par eux et de progresser ; mais ils sont chaque fois arrêtés par le feu de l'infanterie et de l'artillerie russes.

A 11 h. 30, le général Sloutchevski, de plus en plus préoccupé pour sa gauche, ordonne au général Grékov de porter le $\dfrac{IV}{34^e}$ au poste optique.

En somme, vers midi, les Russes ont sur la rive nord du Si-ho les éléments suivants :

Le 122e moins deux compagnies, mais avec une compagnie du 121e et le $\dfrac{IV}{33^e}$, au total 19 compagnies, prolongé au nord par les deux détachements d'éclaireurs et deux sotnias d'Orenbourg combattant à pied, tient solidement les hauteurs à l'ouest de la vallée de Peï-taïkéou. Tous ces éléments sont déployés et il ne reste pas de réserve de régiment ; ils sont d'ailleurs appuyés de temps en temps par le feu des batteries d'Iou-choulin.

Les $\dfrac{III \text{ et } IV}{34^e}$ et 4 sotnias (3 d'Orenbourg, 1 d'Argoun), sous les ordres du général Grékov, sont disponibles en arrière du 122e. Le gros de ces forces est toujours à Lioutsalatsi, mais un bataillon du 34e a été porté au poste optique, épaulant par suite sérieusement la gauche de la première ligne.

En face, les Japonais ont dix compagnies du 46e (I, IIe et 1/2 III) déployées en entier ; les $\dfrac{I \text{ et } II}{46^e}$ ont été renforcées chacun par une compagnie du $\dfrac{III}{46^e}$ et par une compagnie du 24e. Ils jouissent de l'appui d'une batterie de montagne ; mais dès que les Japonais esquissent un mouvement, l'artillerie russe d'Iouchoulin canonne le Makouraïama et les hauteurs plus au nord.

L'aile nord japonaise est bien gardée par les détachements mixtes envoyés en flanc-gardes de ce côté. Le général Inouïé n'ose rien prélever sur ces détachements de crainte d'une offensive des forces russes signalées à Pensihou, d'autant plus qu'il a reçu à 11 h. 30 la fausse nouvelle qu'une colonne russe était en marche venant de cette direction ; en réalité, il ne s'agissait que de reconnaissances de faible effectif.

Les trois bataillons de kobi de la Garde, partis à 5 heures de Sihoïan sont arrivés à Hotsiapoutsi ; ils y sont disponibles, en réserve de division.

Signalons dans cette phase de l'action l'appui intermittent fourni par les batteries russes d'Iouchoulin au 122ᵉ, en neutralisant le $\dfrac{\text{II}}{46^e}$ japonais sur le Makouraïama et en agissant sur les tentatives d'offensive de la droite japonaise, ce que facilitait la direction de leur tir qui prenait cette droite d'enfilade. Mais le plus souvent, elles se laissent détourner de ce rôle par une lutte d'artillerie sans résultat. Les fantassins s'en plaignent.

Rive sud du Si-ho. — Au sud du Si-ho, la passivité est la même au 121ᵉ régiment russe et au 24ᵉ japonais. Ils échangent une fusillade peu nourrie, sans avancer ni l'un, ni l'autre.

Accalmie vers midi. — Vers midi, une accalmie presque complète se produit. Les Japonais ne se sentent pas assez forts et d'ailleurs ils sont fatigués. Il est probable qu'ils mangent, comme cela leur est souvent arrivé au milieu de la journée. Les Russes restent immobiles comme d'habitude. Il se produit une véritable suspension du combat dans toute cette partie du champ de bataille.

Profitant de cette accalmie, le général Mau vient à Lagooulim rendre compte de la situation. Le général

Gerchelmann y vient chercher des ordres. Le premier déclare que le 122ᵉ se maintient et pourrait même passer à l'offensive. Mais le général Sloutchevski juge préférable d'attendre le soir ou le lendemain matin à l'aube pour être plus complètement renseigné et pour faire moins de pertes.

B. — A PENLIN

Action de la brigade Okasaki. — Nous avons laissé à 9 heures 30 le gros de la brigade Martson en train de battre en retraite dans la vallée conduisant de Penlin à Lipiou tandis que la gauche tenait encore à l'est du sommet 650 ; cette brigade n'était plus couverte à son aile sud. La brigade Sasaki s'était arrêtée sur la position tenue par les Russes le matin à hauteur du col de Penlin ouest. La brigade Okasaki gravissait les pentes de la montagne à l'ouest de Tchoaïlin.

Les $\dfrac{\text{II et III}}{30^e}$ atteignent cette crête à 10 heures et voient alors les Russes défilant à leur pied dans la vallée. Ils ouvrent le feu avec des hausses variant de 1000 à 1500 mètres. Un peu plus tard le $\dfrac{\text{II}}{16^e}$ rejoint ces deux bataillons et les prolonge à droite. Le $\dfrac{\text{I}}{30^e}$ est maintenu en réserve à Tchoaïlin.

« La colonne russe, raconte le général Harmilton, suivait au fond d'un défilé un chemin si étroit en certains endroits que les hommes n'y pouvaient passer plus de quatre de front. Les Japonais, postés au sud le

long des falaises à pic, faisaient feu avec une grande
impunité. Les Russes ne pouvaient grimper les parois
du défilé et les Japonais s'exposaient si peu en tirant
par-dessus le bord de la falaise qu'il ne valait pas la
peine de s'arrêter pour faire feu sur une cible si petite.
Ainsi, la malheureuse colonne continua à courir dans
le défilé, semblant ramper avec difficulté comme un
serpent blessé. Sur une longueur de 400 mètres, il y
avait des tas de cadavres et de blessés.

« ... L'engagement de Penlin se termina donc par ce
carnage qui, tout décourageant qu'il ait pu être pour
les Russes, parle bien en leur faveur, vu le petit nombre
de prisonniers valides qui fut fait ».

Bien que les pertes de la brigade Martson aient été
sensibles, ce récit les exagère. Il y a eu surtout mélange des unités, désorganisation et dépression morale
chez le général Martson et chez nos troupes, comme le
montrent les chiffres suivants qui donnent le total des
pertes de cette brigade le 31 juillet

	Tués		Blessés		Disparus		Total	
	Officiers	Soldats	Officiers	Soldats	Officiers	Soldats	Officiers	Soldats
35e Régiment .		44	3	198	2	57	5	299
36e Régiment .	1	43	6	273	2	68	9	384
	1	87	9	471	4	125	14	683

c'est-à-dire 12 % seulement en tout ; la plupart des
disparus doivent être regardés comme tués.

Heureusement pour les Russes, la brigade Okasaki
était fatiguée par sa marche de nuit. Elle s'arrête et

quelques fractions du $\dfrac{\text{II}}{30^e}$ seulement viennent jusque sur les hauteurs au sud de Lipiou.

Le recueil de la colonne Martson fut assuré par les deux compagnies du 35e et la batterie laissée à Lipiou, et par les quatre sotnias de Térek-Kouban arrivées avec leurs mitrailleuses à 11 heures 30 sur la croupe au nord-est du village.

La brigade Martson, désorganisée, finit de s'écouler à midi à Lipiou ; en queue marchait la $\dfrac{4^e}{36^e}$ et quelques sections de différentes unités restées en ordre.

Bien que la raideur des pentes ait gêné la brigade Okasaki qui ne descendit pas de la montagne pour achever les Russes, il y a là un manque d'endurance et de mordant du côté des Japonais qui laissèrent échapper un succès qui aurait dû être bien plus complet que celui obtenu par eux. Les fractions du $\dfrac{\text{II}}{30^e}$ arrivées au sud de Lipiou y resteront tout l'après-midi, au contact ; le gros de la brigade Okasaki se rassemble à midi à Tchoaïlin et s'y met au repos. Cet arrêt en plein succès s'explique par la fatigue résultant de la marche de nuit et par la chaleur qui était très forte.

Arrêt de la brigade Sasaki. — Le général Sasaki, comme nous l'avons dit, fatigué de son effort du matin, s'était arrêté au col de Penlin ouest à 9 heures 30. Il laisse agir la brigade Okasaki toute seule, au lieu de coopérer à l'écrasement de la brigade Martson. Il n'amorcera, faiblement du reste, la poursuite qu'à midi 30, quand la brigade Okasaki se sera déjà arrêtée.

Accalmie vers midi. — Nous voyons donc qu'au sud du théâtre de l'action comme au nord, il y a une cessation presque complète du combat vers midi. Les Japonais n'ont pas poursuivi. Le général Martson a remis sa brigade à l'abri derrière Lipiou ; il est découragé et ses troupes ne seront plus bonnes à rien de la journée. Il envoie alors le lieutenant-colonel d'état-major Gourko rendre compte de sa situation au général Sloutchevski et ne semble pas s'être servi pour cela du téléphone établi à Lipiou car le commandant du Xe Corps ne fut informé des événements qu'à 2 heures 45.

La brigade Martson se remet péniblement en ordre. Après le départ du lieutenant-colonel Gourko, le général décide de la ramener à Koutsiatsi, et il omet de prévenir de cette résolution le général Sloutchevski.

CHAPITRE VI

ÉVÉNEMENTS DE MIDI A 3 h. 30.

A. — A L'AILE NORD

Jusqu'à 3 h., il se produit à l'aile nord une suspension relative du combat. Les Japonais se reposent et les Russes ne prennent aucune initiative bien que le colonel du 122e et le général Mau aient estimé possible une offensive à la gauche du 122e.

La droite japonaise ne peut pas passer à l'offensive. — Vers midi, le général Sloutchevski avait mis à la disposition du général Mau le $\dfrac{\mathrm{II}}{34^e}$. Celui-ci l'envoya en réserve dans le secteur de gauche à Tintiavaïtsou, mais en le conservant à sa disposition personnelle. Ce bataillon arriva à Tintiavaïtsou à 1 h. 40.

A 3 h., la droite et le centre du 46e régiment japonais tentent de passer à l'offensive. Ce mouvement est immédiatement enrayé par le feu du 122e régiment russe. Le colonel du 122e rendit compte en ces termes de cet incident : « Jusqu'à présent, pas reculé d'un pas des positions occupées le matin. Mais le combat dure depuis 10 h. Je ne peux ni ne veux reculer. Je demande deux bataillons ». En réalité, le 122e était inabordable de front parce que les Japonais étaient hors d'état de prendre la supériorité du feu.

A la suite de cette tentative malheureuse d'offensive, le général Kigochi craignait une offensive russe contre sa droite. Il préleva donc la $\frac{2^e}{24^e}$ sur sa réserve pour appuyer la droite du 46e. Il ne lui restait donc plus disponible que la $\frac{2^e}{24^e}$. Il en rendit compte au général Inouïé qui mit à sa disposition le $\frac{II}{1^{er} \text{ kobi Garde}}$.

Pendant ce temps les deux artilleries continuent leur échange inutile de coups de canon. A 2 h., la batterie de montagne laissée le matin sur la première position d'artillerie a rejoint les deux batteries ins- tallées à l'ouest d'Houanhounkéou.

Sur la rive gauche du Si-Ho, le 24e japonais et le 121e russe continuent à s'observer mutuellement.

Fonctionnement du commandement russe. — Pendant cette phase terne, le général Sloutchevski apprend à 2 h. 45 par le lieutenant-colonel Gourko l'é- chec de la brigade Martson, son recul jusqu'à Lipiou, et le danger que courait la droite de la 31e Division si les Japonais, profitant de leur succès, se rabattaient sur Lagooulin. En même temps le général Mau rendait compte lui aussi du recul de Martson.

Le général Sloutchevski envoie aussitôt un bataillon du 33e à l'est de Lipiou. Ce bataillon part à 3 h., et ira rejoindre à la cote 650 la demi-compagnie du 121e qui s'y était maintenue. En outre, l'ordre suivant était envoyé au général Martson :

« Votre retraite sur Lipiou met le corps d'armée en posture difficile. Occupez immédiatement les hauteurs à droite et à gauche de Lipiou, et reliez-vous à la droite du 120e. Exécutez cela immédiatement et à tout prix. »

Vu son importance, cet ordre est porté à Lipiou par un officier d'état-major. Mais celui-ci n'y trouve pas le général Martson, qui a reflué sur Koutsiatsi, repassé le Lan-ho avec sa brigade et sa batterie, et s'est rassemblé entre Koutsiatsi et Toundiapou.

B. — A L'AILE SUD

Manque de mordant des Japonais. — Nous avons vu la brigade Okasaki se rassembler à midi, confiant la poursuite sur Lipiou à quelques fractions seulement du $\dfrac{\text{II}}{30^e}$. Tout l'après-midi, cette brigade va rester au repos.

La coordination entre la brigade Okasaki et la brigade Sasaki a donc fait complètement défaut. Cette dernière était restée au repos à Penlin de 9 h. 30 à midi 30. A ce moment le général Sasaki ordonna aux $\dfrac{\text{I et II}}{47^e}$ et à la batterie de poursuivre sur Lipiou. Mais ces fractions sont fatiguées et n'ont plus de mordant.

D'après les ordres reçus, les $\dfrac{\text{I et II}}{47^e}$ devaient attaquer la cote 650 par le sud, le $\dfrac{\text{III}}{14^e}$ par le sud-est et le $\dfrac{\text{I}}{14^e}$ par l'est. Mais les Japonais ne s'engagent pas sérieusement, et leur offensive est si molle que la 1/2 Cie du 121e établie à 650 pour assurer la liaison avec la brigade Martson pourra se maintenir sur la crête à l'est du sommet jusqu'à l'arrivée du bataillon du 33e.

Un incident à peu près unique dans l'histoire de la guerre russo-japonaise prouve encore le peu de vigueur de la poursuite. Le général Okasaki accorde aux Russes une suspension d'armes dans la vallée de Lipiou, pour permettre aux cavaliers de Térek-Kouban de venir ramasser les blessés russes abandonnés le matin par la brigade Martson pendant sa retraite. Les Japonais s'opposent seulement à l'enlèvement des armes et des effets à l'équipement. Du haut des crêtes, leur service de sûreté surveille l'opération. Elle aurait été inadmissible si la brigade Sasaki avait vraiment poussé en avant.

D'ailleurs, à 2 heures, le général Sasaki avait reçu un message téléphonique apporté de Daïtaïkéou. Ce message l'avisait que le mouvement de la brigade Kigochi était enrayé et lui donnait l'ordre de venir tomber sur la droite des troupes russes défendant Iouchoulin. Le général Sasaki envoie aussitôt l'ordre de suspendre le mouvement vers l'ouest et de se rassembler de nouveau à Penlin ouest avant de marcher sur Likéou. Ces va-et-vient inutiles finissent d'épuiser ses troupes.

CHAPITRE VII

ÉVÉNEMENTS DE 3 HEURES 30 A LA NUIT

A. — DANS LA VALLÉE DU SI-HO

Mauvaise utilisation des renforts à la gauche russe. — Après l'essai d'offensive de la droite du 46ᵉ japonais, — offensive que le 122ᵉ a enrayée par ses seuls moyens, — et sur le vu du compte-rendu transmis par le colonel Klembovski à 3 heures, le général Mau lui donne le $\frac{\text{II}}{34^e}$, jusqu'alors en réserve à Tintiavatsou.

Ce bataillon arrive à 5 h. 30. Deux compagnies vont renforcer la gauche du 122ᵉ, les deux autres relèvent au centre de ce régiment deux compagnies qui sont remises en réserve.

A 6 h. 45, une compagnie du 121ᵉ, envoyée dès le matin cependant, rejoint le 122ᵉ ; elle est employée à relever la compagnie du 121ᵉ venue à 11 h. qui est renvoyée à son régiment parce qu'elle n'a rien mangé depuis le matin et qu'on estime que le combat tire à sa fin.

Ainsi l'arrivée de renforts, au lieu d'être utilisée pour de nouveaux efforts, ne sert qu'à mettre au repos une partie des éléments engagés.

Craintes des deux partis pour leur aile nord. — Du côté japonais, on n'ose pas passer à fond à l'offensive contre la gauche du 122ᵉ en utilisant les détachements de flanc-garde de droite, par crainte du détachement russe de Pensihou. Bien mieux, à 4 h. le général Inouïé reçoit la fausse nouvelle d'un mouvement d'une colonne russe contre la droite du 46ᵉ. Il conserve alors seulement deux compagnies du $\dfrac{\text{II}}{2^{e}\ \text{kobi-Garde}}$ en réserve et il envoie les deux autres compagnies de ce bataillon et le $\dfrac{\text{II}}{1^{er}\ \text{kobi-Garde}}$ au général Kigochi.

Celui-ci utilise alors le $\dfrac{\text{II}}{1^{er}\ \text{kobi Garde}}$ dont il disposait déjà antérieurement pour renforcer sa première ligne, deux compagnies au centre aux environs du col dénudé, deux compagnies à l'extrême droite, de crainte de voir les Russes passer à l'offensive de front. Il envoie les six nouvelles compagnies mises à sa disposition ainsi qu'une batterie de montagne derrière sa droite, face à Hotsiapou, pour parer au mouvement imaginaire de la colonne russe annoncée de Pensihou.

Chose curieuse, l'arrivée de ces compagnies, constatée par la cavalerie russe amène également de la part de celle-ci un compte-rendu erroné fait au général Grékov et transmis par celui-ci au général Sloutchevski qu'une colonne japonaise importante avec de l'artillerie s'apprête à tourner la gauche du 122ᵉ.

A 7 h. du soir, la droite japonaise fait une dernière tentative d'offensive de ce côté. Environ quatre compagnies franchissent la crête. Elles sont arrêtées par la fusillade et par quelques rafales des batteries d'Iouchoulin. Le combat par le feu dure encore jusqu'à

8 h. 30 du soir, mais il n'y a plus de tentatives de mouvement en avant. Les Russes n'utilisent pas les bataillons frais du général Grékov et la supériorité numérique du 122⁰ renforcé par deux bataillons (un du 33ᵉ et un du 34ᵉ); les Japonais sont hypnotisés par la crainte pour leur aile et n'ont plus disponibles que trois compagnies en tout : la $\dfrac{3^e}{24^e}$, réserve de la brigade Kigochi ; deux compagnies du $\dfrac{I}{2^e\ \text{kobi Garde}}$, réserve de la division.

A la nuit, le colonel du 122ᵉ rend compte qu'il a besoin d'une fraction fraîche pour établir son service de sûreté pour la nuit.

Passivité des deux partis sur la rive gauche du Si-ho. — Jusqu'au soir, les deux artilleries ont continué de temps en temps le même échange sans profit de coups de canons que dans la journée. Nous reviendrons sur la nullité des effets de la lutte d'artillerie et sur l'insignifiance des pertes en résultant.

Sur la rive gauche du Si-ho, le colonel Harada, du 24ᵉ, avisé à 3 heures que la brigade Sasaki va venir tomber dans le flanc des Russes tenant en face de lui le Chisan, attend l'entrée en action de cette brigade et n'en fait pas plus que le matin et l'après-midi.

Le 121ᵉ russe, malgré l'immobilité des Japonais en face de lui, continue à garder son attitude de défense passive.

B. — A L'AILE SUD

Arrivée de 3 bataillons russes frais à Lipiou. — Le capitaine d'état-major Skibine, envoyé par le général Sloutchevski à Lipiou porter les ordres au général Martson, ne le trouve plus en arrivant à Lipiou et apprend que sa brigade s'est repliée sur Koutsiatsi. Il court après lui, le rejoint à Toundiapou et téléphone de là à 4 heures 15 au commandant du X° Corps l'état réel des affaires de ce côté.

Le général Sloutchevski, très inquiet pour la droite des troupes tenant le Chisan et le col de Lagooulin, envoie les deux derniers bataillons du 33° sur Lipiou avec ordre de tenir ce débouché.

Remarquons à ce propos que personne ne lui rend compte que depuis midi tout mouvement japonais a cessé de ce côté et que Lipiou n'est pas menacé. Il y a à insuffisance de précision ou omission inexplicable d'un renseignement aussi intéressant.

L'heure exacte de l'arrivée du bataillon du 33° envoyé à 3 heures vers le sommet 650 n'est précisée dans aucun récit ; certains disent cependant qu'il y est arrivé tard dans l'après-midi ; vu la distance, il n'a matériellement pas pu y arriver avant 5 heures.

Il se borne à assurer la possession de ce sommet et de ses abords et n'exerce aucune action offensive contre les troupes de la brigade Sasaki qui, après s'être déployées au sud et au sud-est de cette montagne, se replient vers le col de Penlin ouest pour s'y rassembler. Les patrouilles japonaises, pendant l'exécution de ce mouvement, puis pendant la nuit les avant-postes, tiennent le contact de ce bataillon.

Quant aux deux bataillons du 33e envoyés à 4 h. 20 sur Lipiou, ils marchent avec une lenteur inconcevable et n'y arrivent qu'à minuit. Ils se relient au bataillon qui tient la montagne 650 et poussent des avant-postes sur les hauteurs au sud et au sud-est de Lipiou. Ces avant-postes n'y rencontrent personne de l'ennemi ; ils sont installés à 2 heures du matin. Cette absence de Japonais dans la soirée et la nuit auprès de Lipiou est la preuve positive de l'inutilité du recul de la brigade Martson sur Toundiapou.

Fin du combat. — Le général Sasaki, au reçu de l'ordre de marcher sur Iouchoulin, avait prescrit de rassembler toute la brigade près du col de Penlin ouest. Le 14e y est réuni à 6 heures du soir avec la batterie et se met alors en mouvement sur le col de Penlin nord. A ce moment, les $\dfrac{\text{I et II}}{47^{\text{e}}}$ commencent seulement à arriver à Penlin ouest où ils ne sont au complet qu'à 7 heures du soir. Ce régiment suit alors le mouvement du 14e.

Mais la brigade Sasaki ne dépasse pas le col de Penlin nord. A la nuit, elle s'arrête et le gros revient bivouaquer autour de Penlin, couvert par des avant-postes occupant Vandiapousa, tenant le contact du bataillon du 33e russe vers la montagne 650, et occupant le col de Penlin ouest.

Le général Okasaki avait ordonné à deux bataillons du 30e de suivre le mouvement de la brigade Sasaki. Ces bataillons attendent au col de Penlin ouest l'écoulement complet de cette brigade. Quand le 47e a fini de passer, il fait déjà presque nuit, et ils apprennent bientôt que la brigade Sasaki bivouaque. Ils rentrent donc eux aussi bivouaquer avec les autres bataillons de la brigade Okasaki autour de Tchoaïlin, couverts à petite distance au nord-ouest et à l'ouest par des postes de sûreté.

En somme, depuis midi, les brigades Sasaki et Okasaki sont épuisées et n'ont plus envie de marcher. Elles sont complètement au repos à 10 heures du soir.

C. — FONCTIONNEMENT DU COMMANDEMENT SUPÉRIEUR RUSSE

Emploi et reconstitution de la réserve. — Dans l'après-midi, le général Sloutchevski avait appelé une batterie de Toundiapou à Lagooulin auprès de sa réserve. Quand il eut envoyé les deux derniers bataillons du 33ᵉ vers Lipiou, il voulut se reconstituer une réserve, et prescrivit dans ce but au général Grékov de lui envoyer deux sotnias d'Orenbourg, et à la brigade Martson de venir à Lagooulin ; cette brigade y arrive à 6 h. du soir.

A 6 h. 30, le général Sloutchevski reçoit du général Grékov le renseignement erroné dont nous avons déjà parlé, qui annonçait qu'une colonne japonaise avec de l'artillerie s'apprêtait à tourner la gauche du 122ᵉ. En même temps lui arrivait un télégramme du XVIIᵉ Corps le prévenant qu'une des brigades de la 3ᵉ Division était partie pour le rejoindre, mais qu'elle n'arriverait que tard le soir à Anpin (14 kilomètres en arrière du col de Lagooulin).

Le général Sloutchevski avait dépensé bataillon par bataillon toute sa réserve sans aucun but positif. Il avait été fortement impressionné par la surprise du

122e le matin et par l'échec de la brigade Martson. Ces deux derniers renseignements finissent de le décourager. Il estime, malgré l'arrivée à Lagooulin de la brigade Martson, qu'il n'a plus de réserve, et il se croit sérieusement menacé sur ses deux ailes. Il aurait pourtant dû sentir l'impuissance de la droite japonaise contre le 122e depuis le matin, l'absence de pression de l'ennemi sur le 121e au Chisan toute la journée, et la détente dans l'offensive des brigades Sasaki et Okosaki du côté de la vallée de Penlin-Lipiou à partir de midi.

Le général Sloutchevski décide de se replier. — Quoi qu'il en soit, il est décidé à se replier. Mais il n'ose en assumer la responsabilité à lui tout seul. Il réunit en conseil de guerre à Lagooulin les généraux présents et fait décider par eux la retraite. L'ordre transmettant cette résolution est daté de 7 h. 30 du soir. A 8 h., le commandant du Xe Corps envoie au général Kouropatkine un compte-rendu télégraphique disant qu'il a combattu contre deux Divisions au moins, qu'il est menacé d'enveloppement sur ses deux flancs, qu'il n'a pu engager plus de deux batteries sur douze à cause du terrain, qu'il n'a plus de réserve, et qu'il se replie sur sa *position principale*, sur la rive gauche du Lan-ho.

Ordre pour la retraite. — Voici intégralement l'ordre donné pour la retraite du Xe Corps :

Lagooulin, 31 juillet, 7 h. 30 soir.

Les troupes du corps d'armée commenceront à la cessation du combat, à la tombée de la nuit, la retraite sur les positions derrière le Lan-ho près de Toundiapou.

Un détachement, sous les ordres du général-major Riabinkine couvrira la retraite. Il comprendra le 33ᵉ régiment
d'Eletsk, les IIᵉ et IVᵉ bataillons du 34ᵉ régiment de Siev,
le 121ᵉ régiment de Pensa, 2 batteries de la 9ᵉ brigade d'artillerie, le régiment Térek-Kouban et le 1ᵉʳ régiment cosaque d'Orenbourg. Ce détachement occupera notre deuxième
position d'avant-garde au col de Lagooulin jusqu'à ce que
toutes les troupes se trouvant sur la ligne de combat aient
reculé jusque sur la position principale.

Le mouvement de repli de la position s'effectuera de la
manière suivante :

Les batteries du centre partiront d'abord et leurs emplacements seront occupés selon les indications du général-
major Riabinkine. Ces troupes se maintiendront jusqu'à ce
que notre aile gauche, c'est-à-dire le 122ᵉ régiment de
Tambov et les 2 bataillons du 34ᵉ régiment de Siev, ainsi que
le détachement Grékov, se soient retirés. Toutes ces fractions
se retireront en même temps ; le moment sera ordonné.

Les troupes n'appartenant pas au détachement du général-major Riabinkine se rendront par Koutsiatsi sur la rive
gauche du Lan-ho et occuperont, comme suit la position
principale :

I. **Aile droite.** Général-major Gerchelmann.
2ᵉ brigade de la 9ᵉ Division
d'infanterie . . . . . . 8 batᵒⁿˢ
De la 9ᵉ brigade d'artillerie. 16 canons

Occupera les hauteurs
au sud du chemin
Lagooulin-Anpin
jusqu'à Lipïou.

II. **Aile gauche.** Général-lieutenant Mau.
Du 34ᵉ régiment de Siev . . 2 batᵒⁿˢ
122ᵉ régiment de Tambov. 4 »
De la 9ᵉ brigade d'artillerie. 24 canons

Occupera les hauteurs
au nord de cette
route jusqu'au Taït-
sé-ho.

III. Le détachement Riabinkine passera en réserve à Anpinlin dès qu'il en recevra l'ordre.

IV. Le prince Orbéliani gardera le flanc droit du corps d'armée avec le régiment de cavalerie Térek-Kouban. Le flanc

gauche sera gardé par le général-major Grékov avec le 1er régiment cosaque d'Orenbourg et 2 sotnias du 1er régiment d'Argoun des cosaques de Transbaïkalie.

Il faut faire la part de l'émotion et de la fatigue des officiers qui ont rédigé cet ordre. Mais on ne peut se dispenser de remarquer qu'il contient de nombreuses erreurs et omissions. Ainsi il fait état de sept batteries de la 9e brigade d'artillerie qui n'en a que six, et oublie celles de la 31e brigade d'artillerie ; les sections de munitions, la batterie de montagne, une partie des sotnias du régiment d'Argoun, le génie, ne sont pas mentionnés dans cet ordre. Signalons aussi une fois de plus que les liens organiques sont rompus et qu'il est formé sans nécessité des groupements provisoires par suite de la dislocation des brigades Riabinkine et Tchit-chévitch.

Cet ordre parvint assez tard aux troupes malgré le peu de distance à parcourir pour le transmettre. C'est ainsi que le 122e régiment, un des plus intéressés cependant à être prévenu le plus vite possible, ne le reçut qu'à 9 heures 30 du soir.

La retraite du Xe Corps russe n'était nullement nécessaire. Il suffisait d'adjoindre au 33e régiment, tout rendu à Lipiou, quelques batteries pour empêcher les Japonais de déboucher de Lipiou et pour rendre très difficile tout mouvement de la brigade Okasaki vers le gros du Xe Corps. Il était parfaitement possible avec ce gros non seulement de conserver les positions occupées, mais même de passer à l'offensive. Si on craignait de se maintenir à Iouchoulin, on pouvait en tout cas conserver les hauteurs de Lagooulin.

Le moindre mouvement en avant du détachement

Groulev et de la brigade de cavalerie Lioubavine venant de Pensihou et de Saïmatsi aurait suffi à arrêter net les Japonais.

Le recul du Xe Corps n'a été en réalité motivé que par la crainte de s'engager à fond, le manque de confiance dans les colonnes voisines et la force de résistance des unités subordonnées, et l'inaptitude à combiner les opérations de plusieurs colonnes.

CHAPITRE VII

NUIT DU 31 JUILLET AU 1ᵉʳ AOUT. — RETRAITE DES RUSSES

Décrochage des Russes. — Le général Riabinkine, laissant tout d'abord des fractions du 121ᵉ sur les
hauteurs d'Iouchoulin, pour masquer son mouvement,
reporta le gros de l'arrière-garde qui lui était confiée,
sur les hauteurs de Lagooulin, sa droite vers le sommet 462 : le gros du 121ᵉ s'installa au sud de la route,
les 1ʳᵉ et 2ᵉ batteries de la 9ᵉ brigade d'artillerie au col
même, les $\dfrac{\text{II et IV}}{34^e}$ et le $\dfrac{\text{IV}}{33^e}$ au nord du col.

En même temps, le 122ᵉ, laissant également quelques
fractions au contact de l'ennemi avec mission d'entre-
tenir des feux de bivouac toute la nuit, commença à se
replier à 10 heures du soir.

Le manque de liaison entre les 121ᵉ et 122ᵉ régiments
amena un incident pendant l'exécution de ce décrochage. Le colonel du 122ᵉ le raconte de la manière
suivante :

« A 10 h. 30, trois bataillons du 122ᵉ se portèrent sur
le gué du Si-ho près d'Iouchoulin. Comme ils com-
mençaient à passer la rivière, une compagnie du 121ᵉ
régiment de Pensa placée sur la hauteur où se trouvaient les batteries pendant le jour, les prit pour les

Japonais et tira quelques coups de feu qui blessèrent, un homme. Le capitaine Klembovski qui conduisait la colonne parce qu'il connaissait le gué, cria : « Russie. Ne tirez pas, » et dit son nom et son grade. Le chef de la compagnie de Pensa répondit qu'il ne connaissait pas de capitaine de ce nom et qu'au premier mouvement il tirerait de nouveau. La colonne fut forcée de quitter le chemin et d'aller passer à un autre gué plus en aval. »

Sauf cet incident, le décrochage s'effectua dans de bonnes conditions et sans être gêné ni éventé par l'ennemi. A 11 heures 30, tous les éléments engagés en première ligne dans la journée s'étaient dérobés.

Les troupes mises à la disposition du général Riabinkine s'étaient arrêtées, comme nous l'avons indiqué, sur les hauteurs de Lagooulin. Le 122e continua sa route sur Koutsiatsi où il n'arriva qu'à 6 heures 30 du matin. Il s'y arrêta pour une grand'halte au cours de laquelle les voitures-cuisines vinrent distribuer aux hommes un repas chaud. Ce régiment fut ensuite dirigé sur Toundiapou où il arriva à 8 heures et il commençait à s'y installer au bivouac quand il reçut l'ordre de se porter à Sioudsapousa pour former la réserve du secteur de gauche ; il arriva en ce point à 10 heures 20 et put enfin se mettre au repos.

Dès le point du jour la liaison s'établit entre la droite du 121e et le bataillon du 33e qui occupait depuis la veille au soir le sommet 650. On apprit par lui que le 33e n'avait été attaqué pendant la nuit ni au nord, ni au sud de Lipiou.

Appréhension des Japonais pour la nuit. — Du côté japonais, la brigade Kigochi passa la nuit sur les positions de combat occupées dans la journée. Bien qu'on eût discerné avant la nuit le départ des batteries russes d'Iouchoulin, le général Inouïé n'avait pas le sentiment d'un succès remporté de ce côté. Toutes ses réserves avaient été engagées, et, sauf la surprise du matin contre le 122e, sans qu'aucun progrès eût été réalisé. On attribuait dans l'état-major du général Inouïé le recul des canons russes aux avantages acquis par les brigades Sasaki et Okosaki, et l'on s'attendait à une attaque de nuit contre la brigade Kigochi.

Dans cette brigade, l'inquiétude était générale. On ne s'y était pas aperçu de la retraite de l'infanterie russe pendant la nuit ; on croyait au contraire avoir discerné le renforcement des avant-postes russes, et des préparatifs d'attaque. Un demi-bataillon fut envoyé barrer le défilé du Si-ho entre le pied du Makouraïama et celui de la hauteur d'Iouchoulin.

Le $\dfrac{\text{II}}{46^e}$ s'imaginait avoir failli être attaqué parce que quelques fractions du 122e, avant de se replier, étaient descendues dans le camp abandonné le matin pour y ramasser leurs tentes et des objets de campement.

Le 46e passa la nuit à creuser des tranchées et des emplacements de pièces pour l'artillerie.

Le général Inouïé décide de continuer l'offensive. — Néanmoins le général Inouïé persiste dans son idée offensive et il donne en ce sens un ordre qui parvient aux troupes à 4 heures du matin. Cet ordre se résume dans les prescriptions suivantes :

Le groupe au nord de Si-ho, sous les ordres du général Kigochi, tiendra les positions occupées la veille.

Un demi-bataillon de kobi relèvera le 24ᵉ en face de Chisan et ce régiment appuiera à gauche pour déborder le Chisan par le sud.

La brigade Sasaki marchera sur 462 et Lagooulin par le sud.

La brigade Okosaki attaquera la droite ennemie à Lipiou.

Peu de mordant à la brigade Kigochi. — Au jour, le général Kigochi resta stupéfait de n'avoir plus personne en face de lui. Il occupa les hauteurs tenues la veille par le 122ᵉ au nord de Taïtsiapousa et s'y arrêta.

Le colonel Harada, du 24ᵉ, couvert par une avant-garde de deux compagnies, passa à l'aube au sud de Likéou, marchant contre l'ancienne position de la droite du 121ᵉ qu'il trouva inoccupée. Il s'y arrêta, se contentant de pousser sa 7ᵉ Compagnie sur Mountsiapou. Cette compagnie se trouva bientôt en prise à un feu violent de l'arrière garde-russe installée au col de Lagooulin et fit rapidement des pertes assez sérieuses qui la forcèrent à stopper également.

La brigade Kigochi toute entière s'est donc arrêtée d'elle-même après des progrès insignifiants.

Entrée en action de la brigade Sasaki. — Entre 6 et 7 heures, l'entrée en action de la brigade Sasaki se produit.

Le général Sasaki avait fait tenir à 5 heures 30 les hauteurs au sud-ouest de Vandiapousa par deux compagnies du $\frac{III}{14^e}$ dont les deux autres compagnies étaient aux avant-postes au col de Penlin ouest. Sa batterie était en position au col de Penlin nord et ouvrira le feu à 6 heures contre la hauteur 462. Les $\dfrac{\text{I et II}}{14^e}$ marchent par la crête sur ce point, le $\dfrac{\text{I}}{47^e}$ les suivant en échelon en arrière et à droite par la vallée. Ce dernier bataillon est suivi par le $\dfrac{\text{II}}{47^e}$, puis par les deux compagnies du $\dfrac{\text{III}}{14^e}$ revenues du col de Penlin ouest.

Repliement de l'arrière-garde russe. — A ce moment, le gros du Xe Corps avait déjà fini de repasser le Lan-ho. L'arrière-garde ne s'obstine donc pas à tenir la position de Lagooulin et la hauteur 462 et, sans attendre l'attaque, commence sa retraite.

Le général Riabinkine avait préparé un repli à Houantsiapou et dans un petit bois voisin, tenus par le $\dfrac{\text{IV}}{33^e}$, six compagnies du 121e et la 2e batterie. Avant 7 heures, tout le reste de l'avant-garde avait déjà dépassé cette position sans incident sérieux. Pendant qu'elle se repliait du col de Lagooulin, la 1re batterie avait été fusillée par des fractions du 24e régiment japonais, mais il avait suffi qu'une section prît position et tirât quelques coups de canon pour faire taire la fusillade ennemie.

Un second repli fut préparé pour faciliter le décrochage des défenseurs d'Houantsiapou. Ce repli fut formé par un bataillon du 121e et les $\dfrac{\text{II et IV}}{34^e}$ avec une section de la 1re batterie, sous les ordres du lieutenant-colonel Stasiouk, en avant de Koutsiatsi. Il se maintint jusqu'à 11 heures, sans peine d'ailleurs, car les Japonais ne se montrèrent nullement mordants. A 11 h. le gros de l'arrière-garde ayant fini de repasser le Lan-ho, le lieutenant-colonel Stasiouk reçut l'ordre de se retirer à son tour.

C'est alors seulement que la brigade Sasaki commença à descendre de la hauteur 462 sur Haotiensi. Le décrochage de l'infanterie du lieutenant-colonel Stasiouk fut facilité d'abord par la section de la 1re batterie, puis par la 6e batterie de la 9e brigade d'artillerie en position sur la rive gauche du Lan-ho « qui ne permit pas aux Japonais de suivre les Russes en retraite », dit le rapport russe.

A 1 heure, l'infanterie de la brigade Sasaki occupe les hauteurs à l'est d'Haotiensi et s'y arrête.

Action de la brigade Okasaki. — A la brigade Okasaki, le 30e régiment marcha de Tchoaïlin par le col de Penlin ouest sur Lipiou et les hauteurs voisines. Il se heurta à 5 heures du matin au 33e régiment russe.

Le colonel Baba fit aussitôt déployer ses Ier et IIIe bataillons qui attaquèrent de front pendant que le IIe bataillon tournait la droite ennemie.

Les Ier et IIIe bataillons se contentèrent d'abord d'engager un combat par le feu à grande distance qui ne fut pas très chaud car il ne leur coûta qu'une dizaine de blessés. A 8 h., le mouvement tournant étant suffisamment dessiné, ces trois bataillons se portèrent en avant concentriquement.

D'après les récits du côté japonais, le 33e régiment

russe se serait replié en désordre en faisant des pertes sérieuses. Les relations russes ne disent pas un mot de cet engagement.

En tout cas on peut observer à ce sujet que le repli du 33e aurait été facile à protéger en utilisant des batteries installées sur la rive gauche de Lan-ho, et que d'ailleurs le 33e aurait pu et dû se replier sans se laisser accrocher car il n'avait plus rien à couvrir.

Fin du combat. — A 1 .h., le combat avait pris fin sur tout le front. Les Japonais ne cherchèrent pas à passer le Lan-ho.

La brigade Kigochi occupait par ses avant-postes les hauteurs au nord et au sud du col de Lagooulin ;

Les avant-postes de la brigade Sasaki se tenaient en face d'Haotiensi ;

Le gros de la 12e Division s'installait au repos autour de Likéou et d'Iouchoulin ;

La brigade Okasaki s'arrêtait près de Lipiou.

Continuation de la retraite des Russes. — Pourtant, en raison du repli, sur la position de Liandiasian, du IIIe Corps Sibérien dont la 3e Division de tirailleurs avait perdu le col d'Ianselin, le Xe Corps évacua dès le soir du 1er août les hauteurs de la rive gauche du Lan-ho et recula lentement, en occupant pendant plusieurs jours toute une série de positions successives, jusque sur la position d'Anpin (hauteurs à l'est du Tan-ho).

Les Japonais ne les poursuivirent pas. Leurs gros resteront sur la rive droite du Lan-ho jusqu'après le milieu du mois d'août.

CHAPITRE IX

ENSEIGNEMENTS A TIRER DES COMBATS D'IOUCHOULIN ET DE PENLIN

Les combats d'Iouchoulin et de Penlin ne sont pas très variés d'aspect parce que l'offensive japonaise a été enrayée presque partout de bonne heure dans le combat d'Iouchoulin, et que dans celui de Penlin la brigade Martson s'est repliée avant d'être engagée à fond. Il n'en peut donc ressortir des enseignements parfaitement nets relativement à la combinaison des efforts de l'infanterie et de l'artillerie.

Ces combats sont cependant intéressants au point de vue de la conduite de chacune des trois armes, et surtout à celui de l'étude de l'action du commandement supérieur. Ils mettent très nettement en évidence les défectuosités du commandement russe, et montrent aussi, il faut bien le dire, le commandement japonais beaucoup moins parfait qu'on ne le croit en général.

INFANTERIE

Préparatifs de l'action. — Nous trouvons dans la préparation de l'entrée en action de l'infanterie japonaise la méthode et la prudence qui l'ont caractérisée pendant toute la campagne. Le rassemblement

initial, la mise en route, l'occupation des emplacements initiaux est effectuée de nuit dans toute la brigade Kigochi qui peut ainsi entrer en action à l'aube
dans des conditions avantageuses. Grâce à cette bonne
préparation et à la surprise produite, le $\frac{I}{46^e}$ a obtenu
un succès marqué contre un effectif très supérieur.
Il faut constater d'ailleurs que ce résultat est en grande
partie dû à la négligence caractéristique du service
de sûreté russe.

Malgré les avantages que cette manière de procéder
a procuré aux Japonais, il ne faut pas perdre de vue
que, par suite de la fatigue résultant des rassemblements et des marches préparatoires effectués la nuit,
leurs troupes ne sont déjà plus fraîches dès le début
du combat. En outre l'entrée en action à l'aube offre
l'inconvénient de rendre très difficile la combinaison
intime de l'infanterie et de l'artillerie à moins d'amener celle-ci très près et par suite de l'exposer beaucoup. L'attaque du $\frac{I}{46^e}$ a réussi ; mais si le service
de sûreté russe avait été bien organisé, elle pouvait
conduire à un échec, faute d'un appui suffisant de l'artillerie.

Effets du feu. — Nous trouvons dans ces combats un exemple de plus d'un fait constaté bien souvent pendant la guerre russo-japonaise : le feu ne
suffit pas le plus souvent à procurer la décision qui
n'est obtenue, quand l'action est menée à fond, que
par l'abordage et l'emploi de l'arme blanche. Mais ils
permettent aussi de constater la valeur considérable
du feu de l'infanterie dans l'exécution du combat.

Le combat par le feu, sauf dans des conditions tout à fait exceptionnelles, par exemple un terrain très coupé ou couvert, ou la nuit, permettant d'approcher très près, est devenu une partie intégrante et essentielle de l'action. On ne tire pas seulement parce qu'on ne peut plus avancer ; on tire pour détruire ou tout au moins pour user moralement l'adversaire en vue de rendre possible le mouvement en avant ou de déterminer l'ennemi à renoncer lui-même à avancer. D'une manière générale, pour pouvoir nettement progresser, il faut avoir acquis la supériorité du feu, soit de l'infanterie seule, soit par combinaison avec l'artillerie. Si cette supériorité n'est pas obtenue, l'action offensive est vite enrayée, même quand elle a été bien lancée au début.

Nous en trouvons plusieurs exemples dans les combats du 31 juillet :

a) Combat du 46e japonais contre le 122e russe. Malgré le succès incontestable et très marqué des Japonais le matin et l'arrivée de quelques renforts, il leur fut impossible toute la journée de franchir la vallée de Peïtaïkéou parce qu'ils ont été hors d'état d'acquérir la supériorité du feu.

b) Combat du 24e japonais contre le 121e russe. Les Japonais constatent vite leur impuissance et renoncent complètement à l'offensive.

c) Nous avons vu le matin à Penlin l'infanterie russe et l'infanterie japonaise successivement impuissantes à progresser sérieusement tant qu'elles combattent de front à nombre à peu près égal et qu'aucune n'acquiert la supériorité du feu.

Nous trouvons d'autre part des indications très consolantes sur le peu d'importance des pertes causées par le feu dans certains cas exceptionnellement favorables où les Japonais ont tiré comme à la cible sur les Russes hors d'état de riposter.

Ainsi le 122ᵉ surpris et fusillé dans son camp le matin à des portées variant entre 300 et 1000 mètres, empêtré dans ses tentes, arrive à en sortir sans panique. Il subit des pertes graves, mais pas écrasantes, se reforme et continue à combattre. Il a perdu :

150 hommes dans la contre-attaque Lippoman.

275 dans le camp.

C'est-à-dire 425 hommes hors de combat en une heure et demie, moins de 15 °/₀ de l'effectif.

De même, la brigade Martson fusillée, sans pouvoir riposter, par 3 bataillons tirant entre 1000 et 1500 mètres, a été désorganisée mais pas détruite : voici ses pertes, y compris celles résultant du combat du matin.

35ᵉ régiment 5 off. 299 hommes pour 12 compagnies.

36ᵉ régiment 9 off. 384 hommes pour 16 compagnies.

Cela ne fait guère plus de 10 °/₀.

Le feu de l'infanterie n'est donc pas toujours écrasant.

Pourtant ses effets suffisent à eux seuls, surtout aux portées inférieures à 600 ou 700 mètres, pour briser un mouvement offensif. Ainsi, dans la surprise du 122ᵉ le matin, le retour offensif de la grand'garde russe a été brisé à quelques pas par le feu. Il en a été de même pour la contre-attaque du lieutenant-colonel Lippoman.

Le combat de Penlin fournit un exemple intéressant de la puissance de quelques fusils bien postés. C'est l'effet, relaté par le capitaine anglais Jardine, produit par un petit groupe de sept hommes du 14ᵉ régiment japonais qui prend l'enfilade par son feu le chemin creux où s'abritait le matin la gauche de la brigade Martson.

De même, le matin, le feu de quelques petits groupes

russes bien postés au Makouraïama, a enrayé le mouvement du $\dfrac{\text{II}}{46^\text{e}}$; peut-être toutefois ce bataillon ne s'est-il pas soucié d'attaquer et a-t-il attendu l'action de flanc du $\dfrac{\text{I}}{46^\text{e}}$.

Nous constatons une fois de plus dans le combat d'Iouchoulin la nullité des effets du feu aux distances moyennes entre tirailleurs bien abrités. C'est le cas entre le gros du 121ᵉ russe et le 24ᵉ régiment japonais qui se sont fusillés toute la journée sans résultat. Le 24ᵉ a perdu 1 officier et 24 hommes ; le 121ᵉ a perdu 7 officiers et 124 hommes, mais il est très probable que la majeure partie de ces pertes a porté sur les compagnies engagées dans le secteur du 122ᵉ, au nord du Si-ho.

Nous en trouvons un autre exemple dans le combat par le feu qui a duré toute la journée entre le 122ᵉ russe et le 46ᵉ japonais. Le premier a perdu en tout ce jour-là 18 officiers et 895 hommes, mais en faut déduire les pertes de la surprise du matin, c'est-à-dire 425 hommes. Le régiment a donc perdu dans toute cette journée de combat seulement 470 hommes. Le 46ᵉ japonais a perdu (pour 10 compagnies) 7 officiers et 204 hommes seulement, pas plus de 7 à 8 °/₀ de son effectif. Et cependant des deux côtés il y a eu quelques tentatives partielles de passage à l'offensive.

Notons l'importance des effets de rasance en arrière des troupes engagées. Le colonel du 122ᵉ l'a mentionné d'une manière positive et a déclaré que cet effet de rasance l'avait forcé à choisir avec le plus grand soin les cheminements des fractions de renfort arrivant derrière son front, et à rejeter très loin les postes de secours.

Difficulté de voir d'où vient le feu et de discerner les objectifs. — Un incident, rapporté par le colonel du 122ᵉ russe, montre la difficulté de discerner les objectifs et de voir d'où vient le feu d'infanterie même dirigé contre nous. Il s'est produit le 29 juillet matin, pendant que le 122ᵉ était au repos sur les hauteurs à l'ouest de la vallée de Peïtaïkéou.

« Accompagné d'un officier je me portai sur le versant du côté de l'ennemi à environ 100 pas en avant et sur le flanc pour observer le terrain. Nulle part on ne percevait la moindre trace des Japonais. Mais voilà que sifflent l'une après l'autre une, deux, trois balles... Nous crûmes que ce feu venait de nos hommes qui nous prenaient pour une patrouille ennemie. Nous criâmes : « Ne tirez pas, nous sommes Russes. » Mais le feu continuait. Enfin une balle frappant juste à mes pieds prouva clairement par la trace laissée sur le sol que le feu venait des Japonais. Je cite ce fait pour prouver combien il est difficile de s'orienter sur la situation de l'adversaire avec la poudre sans fumée quand il utilise bien le terrain. »

Il faut en général plusieurs postes d'observation et du temps pour découvrir un ennemi abrité, même quand il tire.

Combinaison du feu et du mouvement. — La combinaison du feu et du mouvement est difficile à réaliser par l'infanterie seule à moins d'une grosse supériorité numérique et d'un dispositif enveloppant permettant de l'utiliser, ou d'une conduite du feu et d'une précision de tir très supérieure.

Nous mentionnerons comme exemples de combinaison du feu et du mouvement les épisodes suivants :

Le mouvement de repli du 122e, surpris le matin à son bivouac, a été facilité par le feu des trois compagnies reportées tout de suite sur les hauteurs en arrière et par la contre-attaque du lieutenant-colonel Lippoman ; la retraite des compagnies ayant exécuté cette contre-attaque a ensuite été rendue possible par le feu des échelons déjà placés sur la crête en arrière.

Au contraire, la marque de combinaison du mouvement avec le feu pendant l'exécution de cette contre-attaque a été cause de son échec. Cette combinaison aurait pu et dû se produire s'il y avait eu liaison intime entre le 122e et l'artillerie d'Iouchoulin ; nous reviendrons sur ce point en parlant de l'artillerie.

Un exemple très typique de combinaison du feu et du mouvement est fourni par la facilité avec laquelle le $\frac{III}{30^e}$ japonais a pu gravir les pentes du mont Okasaki, grâce à sa supériorité numérique qui a réduit au silence les cavaliers russes combattant à pied.

Enfin l'impuissance du 46e japonais de passer dans la journée à l'offensive parce qu'il n'arrive pas à prendre la supériorité du feu, montre très nettement la nécessité de la combinaison du feu et du mouvement.

Modes de cheminement. — Les combats d'Iouchoulin et de Penlin présentent l'emploi de modes de cheminement très différents.

C'est ainsi que dans l'engagement du 122e russe le 29 juillet pour occuper le Makouraïama, où les Japonais étaient peu nombreux et où les Russes avaient une grosse supériorité numérique, ceux-ci ont progressé par bonds de compagnies entières à la course pour gagner l'angle mort ; l'ennemi s'est d'ailleurs replié sans attendre l'abordage.

Le 31, le $\dfrac{\text{II}}{46^e}$ chemine prudemment à trouver les cultures et les localités jusqu'à la limite du dernier couvert, c'est-à-dire jusqu'à la lisière de Foudiapousa. Là, gêné par le feu de l'infanterie et de l'artillerie ennemie, il met près de deux heures pour gagner par petits paquets le pied du Makouraïama où il se regroupe dans l'angle mort en attendant l'effet de flanc du $\dfrac{\text{I}}{46^e}$.

A la brigade Sasaki, pendant les premières heures du combat de Penlin, les Japonais progressent très lentement par petits groupes irréguliers tant que les Russes tiennent. En trois heures, ils n'ont pu réaliser presque aucun progrès, sauf l'enlèvement de la hauteur 620. Au contraire, dès que les Russes se replient, les Japonais progressent en grandes bandes de tirailleurs.

L'exécution des bonds est en corrélation étroite avec l'obtention de la supériorité du feu, soit par l'infanterie seule, soit en combinaison avec l'artillerie. L'aptitude au mouvement tombe à presque rien si on ne peut faire taire le feu ennemi. Les Japonais montrent la plus grande prudence à ce point de vue.

Fronts occupés. — Les fronts occupés ont été très étendus.

Le 122ᵉ russe occupait plus de 2500 mètres.

Le 124ᵉ russe occupait plus de 3000 mètres.

Le 46ᵉ japonais (10 compagnies, et 2 compagnies du 24ᵉ), environ 3000 mètres.

Le 24ᵉ japonais (8 compagnies), plus de 2000 mètres.

La brigade Sasaki, pour 5 bataillons et 1 batterie, a eu le matin un front d'attaque de 3000 mètres.

Ces fronts excessifs rendent la direction très difficile. Ils ne permettent pas de nourrir l'action offensive des chaînes de tirailleurs ni de prendre la supériorité du feu. Cette circonstance explique, avec l'insuffisance de combinaison intime avec l'artillerie, l'impuissance des deux partis à exécuter une offensive vigoureuse et rapide.

Les exécutants, insuffisamment encadrés, abandonnés à eux-mêmes, sentent leur impuissance et renoncent à une action sérieuse. Cette indication découle de la faiblesse des pertes des troupes ainsi engagées dans un combat par le feu de front sans progresser (121e russe, 24e japonais).

Repos pendant l'action. — Nous avons vu qu'il s'est produit partout une accalmie vers midi par suite de la fatigue des troupes, chez le vainqueur en particulier (brigade Sasaki et Okasaki), et chez ceux où aucune décision ne se produisait (aile nord pour les deux partis). Pendant cette suspension de l'action, la brigade Sasaki prépare un repas.

Cet arrêt est la conséquence presque forcée de la fatigue des Japonais qui ont tous été sur pied dans la nuit de très bonne heure et dont certains éléments, la brigade Okasaki entre autres, ont exécuté une pénible marche avant le combat.

Cette suspension de l'action pour reposer et faire manger les troupes a été très fréquente chez les Japonais pendant toute la campagne, surtout dans les opérations durant plusieurs jours consécutifs. Elle n'a pas eu d'inconvénients à cause de la passivité des Russes, mais le procédé ne serait pas sans danger en face d'un adversaire actif et mordant.

Lors des suspensions de ce genre s'il s'en produit, le terrain permettra souvent aux gens tenant une crête ou une localité défilant bien le terrain en arrière de faire venir très près leurs voitures-cuisines et de donner aux soldats un repas chaud.

Habillement et équipement. — En raison de la chaleur, les Russes avaient laissé en arrière depuis plusieurs jours leurs manteaux. Mais leur paquetage était encore très lourd, à cause des tentes.

Les Japonais marchent en paquetage de combat, c'est-à-dire sans sacs, avec les cartouches et les vivres dans un long fourreau de toile porté en sautoir. De même qu'après le combat d'Iouselin dans le reste de l'armée Kuroki, ils ne reverront leurs sacs qu'au bout de plusieurs jours.

Consommation des cartouches. — Nous n'avons sur les consommations en cartouches de l'infanterie que des renseignements très incomplets. Voici ceux que nous avons pu recueillir.

Du côté des Japonais, nous n'en avons que pour la brigade Kigochi et pour les régiments de kobi de la Garde :

			par homme
24e régt	36.989 cartouches au Ier baton (3 Cies engagées).		60
	43.085 — aux deux autres batons. . .		27
46e régt	188.369 — au Ier baton, le plus engagé.		**235**
	73.185 — au IIe baton.		90
	26.590 — pour les 2 Cies du IIIe baton.		66

3 bataillons de kobi, 9.656 cartouches en tout.

Un seul bataillon a une consommation sérieuse, le $\frac{1}{46^e}$. Les faibles consommations des autres troupes montrent qu'elles ont été beaucoup moins sérieusement engagées ; elles sont proportionnées à l'intensité de l'action.

Du côté des Russes, nous n'avons de chiffres sûrs que pour le 122e régiment. D'après le colonel Klembovski, son régiment a brûlé 400.000 cartouches, 130 par homme en moyenne. « Pourtant, dit-il, grâce au ravitaillement, la disette en munitions ne se produisit à aucun moment ». Le ravitaillement était très facile puisque les Russes sont restés immobiles sur une crête défilant le terrain en arrière.

CAVALERIE

Le terrain ne permettait pas l'action à cheval. Mais il a été fait un large emploi de la cavalerie au service de sûreté et au combat à pied, ainsi que comme réserve mobile, qui mérite d'être mentionné.

Sûreté. — Toute la cavalerie japonaise est employée à la sûreté en liaison étroite avec l'infanterie avec laquelle elle constitue des détachements mixtes laissant peu de prise à la cavalerie russe.

Celle-ci était peu préparée au rôle de cavalerie de sûreté en liaison avec l'infanterie, et elle le remplit mal. A l'aile nord, elle montre une passivité regrettable. Elle reste derrière l'aile gauche qu'elle devrait couvrir et ne sert à rien ; il est vrai que ce résultat est dû en grande partie aux ordres mal donnés du com-

mandement supérieur qui lient le détachement Grékov
à un point fixe mal choisi. A la brigade Martson, les
résultats obtenus sont absolument médiocres parce que
la cavalerie reste trop près ; elle ne pouvait d'ailleurs
avec deux sotnias à pied (environ 200 carabines au plus)
arrêter l'offensive rapide de l'avant-garde de la brigade
Okasaki. Il aurait fallu que cette cavalerie poussât
plus loin et gagnât assez d'espace vers le sud pour pouvoir amener l'avant-garde japonaise à plusieurs dé-
ploiements successifs lui faisant perdre du temps. Placée où elle était, sur la crête la plus proche des troupes
à couvrir, il aurait été nécessaire qu'elle possédât une
force de résistance beaucoup plus sérieuse, et à cet effet
qu'elle fût renforcée par de l'infanterie, pour couvrir
le flanc sud de la brigade Martson.

Emploi au combat. — Nous venons de parler
du rôle des deux sotnias de la brigade Martson à propos du service de sûreté. Il est clair qu'une fois l'action
engagée, elles auraient dû, vu l'importance capitale de
leur rôle, se sacrifier jusqu'au dernier homme pour
retarder le plus longtemps possible l'occupation de
la crête du Mont Okasaki par les Japonais afin de
donner à l'infanterie le temps de sortir du coupe-
gorge que celle-ci était forcée de suivre. Les deux
sotnias du régiment Térek-Kouban ont manqué de
ténacité.

Deux sotnias du régiment d'Orenbourg ont été très
heureusement employées, avec les éclaireurs montés
d'infanterie, à former un échelon défensif à la gauche
du 122ᵉ rejeté sur la crête à l'ouest de la vallée de
Peïtaïkéou. Ce groupe a enrayé par son feu toutes les
tentatives japonaises de passage à l'offensive sur ce

point pendant la matinée. Mais elles sont restées inertes après l'arrivée du $\dfrac{IV}{33^e}$ pour les remplacer.

L'emploi d'une partie de la cavalerie comme réserve très mobile a donné d'heureux résultats. Les quatre sotnias de Térek-Kouban ainsi conservées le matin à Lagooulin, par le général Sloutchevski ont pu être rapidement envoyées au général Martson, servir de repli à celle-ci à l'ouest du défilé de Lipiou et enrayer ainsi la poursuite, assez molle du reste, des Japonais.

Le général Sloutchevski tenait à cet emploi, car dans l'après-midi il a repris au général Grékov ses deux dernières sotnias disponibles pour se refaire une réserve.

Emploi possible de la cavalerie russe. — L'empoi de la cavalerie russe aurait pu être autrement fructueux s'il avait été nettement offensif.

Le matin, le général Grékov disposait de six sotnias. On pouvait y joindre les quatre sotnias maintenues en réserve du régiment Térek-Kouban, une des deux sotnias d'Argoun attachées à l'infanterie. Les effectifs de ces troupes étaient presque au complet puisque, sauf le régiment d'Argoun, elles venaient à peine de débarquer. C'était donc un ensemble de 1400 à 1500 chevaux donnant 700 à 800 carabines au moins. Il était possible d'y joindre les 250 éclaireurs montés d'infanterie des détachements Kasanovitch et Ousoubov, et de faire appuyer l'action de tous ces éléments montés par le $\dfrac{IV}{34^e}$ dont le général Grékov disposait dès le matin. On aurait ainsi pu menacer les derrières de l'aile droite japonaise par le combat à pied, y attirer et y user les réserves, et permettre ainsi le passage à l'offensive du 122ᵉ et du 121ᵉ.

Cette action offensive aurait sans doute aussi attiré le détachement Groulev dont elle aurait été très voisine, ou tout au moins les six sotnias de ce détachement, qui n'a pas bougé de Pensihou de toute la journée, pas plus du reste que la brigade Lioubavine de Santsiatsi. Il est inutile de qualifier cette passivité à proximité de la bataille.

En somme, sauf les quatre sotnias de Térek-Kouban qui ont servi de repli à la brigade Martson, et les deux sotnias d'Orenbourg qui ont épaulé le matin la gauche du 122ᵉ, la nombreuse cavalerie russe a été comme inexistante.

Reconnaissances et liaisons. — Vu leur faiblesse en cavalerie, les Japonais ne pouvaient faire plus qu'ils n'ont fait comme reconnaissance. Ils auraient pu réaliser entre les brigades Sasaki et Okasaki une meilleure liaison, car la liaison n'a été établie par la cavalerie entre ces deux colonnes qu'à 7 h. 30 du matin.

Chez les Russes, il est incompréhensible que la cavalerie de la brigade Martson n'ait pas poussé de reconnaissances au loin vers le sud. Ces reconnaissances auraient pu signaler dès le point du jour le mouvement de la brigade Okasaki ; ce mouvement n'a été signalé qu'à 8 heures du matin quand l'avant-garde japonaise n'était plus qu'à 2 kilomètres du théâtre de l'action. Cette négligence est inadmissible.

Nous ne trouvons pas trace de liaison effective par la cavalerie entre le Xᵉ Corps et le détachement Groulev, bien que les ordres mentionnent l'envoi dès le matin dans ce but d'une sotnia d'Orenbourg.

Un détail rapporté par le colonel du 122e montre à quel point les cavaliers russes étaient peu habitués à l'exécution sérieuse du service de reconnaissance. Un officier envoyé en reconnaissance le 29 en avant du 122e n'avait pas sur lui le moindre morceau de papier pour écrire sés comptes-rendus. Aussi n'envoya-t-il aucun renseignement le 30 ni le 31.

Rappelons enfin, à propos du service de reconnaissance les renseignements faux fournis par la cavalerie dans les deux partis à l'aile nord à la fin de l'après-midi pendant le combat d'Iouchoulin. Ces faux renseignements ont absolument induit en erreur les commandants des deux partis et ont eu des conséquences sur la gravité desquelles nous reviendrons.

ARTILLERIE

Les renseignements relatifs à l'emploi de l'artillerie découlant des combats d'Iouchoulin et de Penlin sont moins nets que ceux que nous avons pu dégager du combat d'Ianselin. Ils sont pourtant intéressants.

Timidité des deux partis dans l'emploi de l'artillerie. — Les deux partis se sont montrés timides dans l'emploi de l'artillerie.

Chez les Russes, on n'a utilisé que deux batteries de campagne parmi les cinq présentes à la 31e Division sur le théâtre de l'action ; les cinq batteries de campagne de la 9e Division ont été renvoyées aux bagages à Toundiapou ; la batterie de la brigade Martson a été laissée à Lipiou.

Pourtant les Russes ont disposé de plusieurs jours pour aménager des chemins d'accès sur la position d'Iouchoulin où les deux batteries utilisées sont laissées *en batterie* depuis le 29. Le major prussien von Tettau, témoin oculaire, et le colonel d'artillerie russe Bibikov, d'après des récits des artilleurs présents, affirment formellement qu'il aurait été facile de mettre beaucoup plus de pièces en batterie et abritées. Cette insuffisance d'utilisation de l'artillerie est la conséquence d'une erreur dont sont à la fois responsables le commandement et les artilleurs qui ignorent les possibilités d'emploi de leur matériel (1).

Il aurait fallu créer des chemins d'accès. On n'a pas su ou pas voulu le faire à Iouchoulin. De même pour la batterie montée de la brigade Martson, on n'a pas suffisamment aménagé le chemin de Lipiou à Penlin.

Même sans chemins, on aurait pu du moins utiliser plusieurs batteries de la 31e Division DANS LA VALLÉE à l'ouest et au nord d'Iouchoulin pour battre le Makouraïama et les hauteurs de Lintcha ; cela aurait certainement permis un effet très efficace puisque l'artillerie japonaise aurait été totalement hors d'état de les contrebattre en raison des positions qu'elle occupait.

Les Russes d'ailleurs n'ont pas mieux utilisé la batterie de montagne dont ils disposaient. Deux des sections de cette batterie ont été laissées toute la journée

____

(1) Rappelons à ce propos les difficultés éprouvées au corps Keller par le général Schwerin et le colonel Krichtofovitch pour utiliser leurs canons, et les refus du commandement de les autoriser à utiliser toutes leurs batteries. — (Voir : combat de Tkaouan-Ianselin. — Edité par Fournier).

à Toundiapou en réserve ; quant aux deux pièces dont disposait la brigade Martson, on ne trouve pas trace de leur emploi. Cette négligence n'a pas d'excuse.

La timidité des Japonais n'est pas moins marquée, mais sous une forme différente.

Ils ont engagé dès le matin toutes leurs batteries, mais à portée démesurée pour de l'artillerie de montagne. Ils n'ont fait ensuite qu'un bond insignifiant. Une seule batterie (3ᵉ de montagne) est venue à 10 h. 30 soutenir de près le 46ᵉ, mais pendant un moment seulement ; elle a subi des pertes et dès lors n'a pas insisté et s'est abritée. Toutes les autres batteries sont restées trop loin, et n'ont par suite pas travaillé en liaison étroite avec leur infanterie.

Lutte d'artillerie et résultats obtenus par elle. — Sauf quelques incidents sur lesquels nous reviendrons en parlant de la combinaison des efforts, l'action de l'artillerie a surtout consisté en une lutte d'artillerie qui s'est continuée pendant toute la durée du combat d'Iouchoulin.

Quatre batteries de montagne japonaises et une de campagne (30 pièces) y ont été engagées contre deux batteries de campagne russes (16 pièces) jusqu'à 9 h. du matin ; à partir de ce moment, il y a eu une batterie japonaise de montagne de moins.

Les conditions étaient différentes dans les deux partis mais également de nature à rendre difficile l'obtention d'effets sérieux.

Les batteries japonaises étaient parfaitement masquées au milieu des cultures de gaolian dans des emplacements enterrés préparés d'avance sur les deux positions occupées. Elles étaient absolument invisibles. Le lendemain, les artilleurs japonais eux-mêmes n'ont pas pu discerner d'Iouchoulin leurs positions de la veille. Le déplacement avait été préparé complètement à l'abri pour les batteries restant sur la rive gauche.

Les batteries russes étaient installées à fleur de crête, décelées par leurs lueurs et par la poussière, et repérées à l'avance puisqu'elles étaient en position depuis deux jours, Mais elles étaient complètement enterrées et des abris avaient été creusés pour les servants.

A 7 heures, les cinq batteries japonaises entrent en action de leur première position contre l'artillerie russe qui se dévoile en ouvrant le feu contre le $\frac{11}{46^e}$; la portée était de 4500 mètres. Elles sont si bien masquées qu'elles tirent plusieurs salves avant que les artilleurs russes discernent leurs lueurs. Le tir est immédiatement réglé sur la position des batteries russes ; les Japonais tireront aussi intentionnellement à plusieurs reprises dans la journée sur les derrières de la position russe.

Les batteries russes ripostent au jugé ; elles essaient de battre de grandes profondeurs et échelonnent leur tir sur les hausses comprises entre 4600 et 5200 ; quelques coups vont même tomber à 5600. Leur tir est tout entier trop long ; ses effets sont absolument nuls.

La deuxième position des batteries japonaises occupée à partir de 9 heures du matin à l'ouest d'Houanhounkéou n'a jamais pu être précisée par les artilleurs russes. Elle se trouvait pourtant seulement entre 2600 et 2800 mètres. Ce résultat a été dû à une bonne utilisation des masques. Les batteries japonaises n'y ont reçu que des coups de hasard et n'ont perdu personne sur cette position.

Elles ont du reste perdu en tout dans toute la journée 3 tués et 27 blessés. Si nous déduisons en ces chiffres les 14 hommes mis hors de combat dans une batterie traversant le Si-ho, et ceux perdus par la 3ᵉ batterie qui a été éteinte au col au nord du Makouraïama par le feu de l'infanterie et de l'artillerie russe, nous voyons que les effets procurés par la lutte d'artillerie contre les batteries japonaises par un tir non réglé ont été insignifiants.

Bien que le tir des Japonais contre les batteries russes d'Iouchoulin ait été immédiatement réglé et que les distances fussent repérées d'avance, les résultats obtenus n'ont pas été plus brillants parce que le personnel et le matériel étaient abrités dans des tranchées. Voici ce qu'en dit le rapport de la 1ʳᵉ batterie de la 31ᵉ brigade d'artillerie.

« Les obus à la liddite firent peu de mal, mais ils produisirent une grande impression ; ils faisaient beaucoup de fumée. Le tir à shrapnels des Japonais était bon, mais les éclatements étaient un peu trop hauts. La crête où nous nous trouvions était littéralement criblée de balles et les feuilles des arbres tombaient à terre comme en automne. » Tous les objets laissés hors des tranchées auprès des batteries furent criblés de balles. Pourtant, grâce aux tranchées, les pertes de l'artillerie russe furent insignifiantes :

1ʳᵉ batterie. . . 2 tués. . . . . 7 blessés.
2ᵉ batterie. . . » . . . . . 2 blessés.

Cette faible proportion des pertes montre tous les services à attendre des boucliers. Mais il ne faut pas perdre de vue que ceux-ci ne protégeront pas auss bien que les tranchées, surtout contre le tir, percutan d'obus brisants.

D'après les rapports russes, le tir dirigé par les Japonais sur les derrières de la position n'a causé qu'un conducteur tué à la 1re batterie. On avait soin de déplacer les attelages et les caissons dès qu'on voyait que les ponts de chute se rapprochaient d'eux ; ces déplacements ont été fréquents dans la journée.

En somme les deux artilleries se sont laissé détourner par un duel improductif de l'appui à donner à leur infanterie. La lutte d'artillerie a été menée dans des conditions telles (portées, abris, visibilité) qu'elle ne pouvait pas procurer des résultats sérieux.

Effets vulnérants de l'artillerie. — Nous venons de voir le peu d'effet produit dans la lutte d'artillerie entre batteries abritées. Il ne faudrait les généraliser et conclure que l'artillerie n'a pas de puissance destructive. Sur des buts vus ou en mouvement ses effets peuvent être écrasants.

Deux batteries japonaises sont saisies à 2.900 m. pendant les quelques instants employés à traverser le cours du Si-ho. Un seul shrapnel met 14 hommes et plusieurs chevaux par terre.

Nous n'avons pas de chiffres indiquant les effets matériels obtenus par l'artillerie russe contre l'infanterie japonaise. Mais le récit du général anglais Hamilton dit très positivement que son tir a immobilisé le $\dfrac{\mathrm{II}}{46^e}$ sur le Makouraïama, et si fortement gêné le $\dfrac{\mathrm{I}}{46^e}$ dans ses tentatives d'offensive à partir de 11 heures du matin que celles-ci n'ont pas eu de suites. Toutefois aucun renseignement ne permet de préciser les pertes du 46ᵉ incombant au feu de l'infanterie ou à celui de l'artillerie.

Pour l'artillerie japonaise, il faut mentionner les résultats obtenus par la batterie de la brigade Sasaki contre le groupe Khalmkov, et par la 3ᵉ batterie de montagne à 10 heures du matin contre le 122ᵉ où une compagnie a failli se débander.

L'artillerie japonaise a été la première à employer largement dans une grande guerre les obus brisants. Il ne faut pas s'exagérer leur puissance. Voici, à propos du combat d'Iouchoulin, ce qu'en a dit le major prussien von Tettau :

« L'impression morale des obus brisants est tout d'abord désagréable. Mais leur efficacité n'y répond en aucune manière. Tout ce qui se trouve dans le rayon d'action d'un de ces obus est déchiqueté ; mais ce rayon n'est que de quelques pas. Si un obus brisant atteint un bâtiment, l'effet est terrible, mais, dans la campagne, il faut bien de la malchance pour être atteint par lui. Aussi les soldats s'habituèrent-ils vite à cette impression et perdèrent-ils tout respect pour le *chi-mose* ».

Il convient d'être prudent dans l'appréciation des effets de l'artillerie. Même quand le tir est bien réglé, il n'y a pas destruction obligatoire si l'objectif n'est pas en mouvement, parce qu'il s'abrite. En particulier, il ne faudrait pas croire, parce que l'ennemi cesse le feu pendant les rafales, qu'il en est résulté de grosses pertes. Il n'y aura souvent eu que neutralisation momentanée. Le général Hamilton raconte que les artilleurs japonais avaient la tendance à s'exagérer les effets produits par eux. Ainsi, ils ont cru avoir écrasé les deux batteries russes, si peu éprouvées en réalité.

Procédés de tir. — Les deux partis ont tiré uniquement à vue et à pointage direct. Ce n'est que quelques semaines plus tard que les Russes généraliseront l'emploi du tir indirect et l'usage des positions abritées.

Les Russes ont essayé de battre de grandes surfaces pour trouver les batteries japonaises, mais sans succès. Les Japonais ont essayé de trouver des réserves derrière les batteries russes, et les résultats n'ont pas été meilleurs.

Distances de tir. — Les portées ont varié dans la lutte d'artillerie contre 4.500 et 2.600 mètres ; nous avons vu que les abris existants et les conditions de visibilité ont réduit à presque rien les effets produits.

Contre l'infanterie, les Japonais ont tiré :

A 3000 mètres contre le Makouraïama.

A 900 mètres sur le 122e.

A 2000 et 3000 mètres contre la brigade Martson.

Les effets auraient pu être sérieux à 4.500 mètres puisque le tir a été très vite réglé à cette distance ; ce sont les tranchées russes qui les ont fait tomber à presque rien.

Positions des batteries russés ; ravitaillement. — Le rapport de la 1re batterie de la 31e brigade d'artillerie russe fournit des détails intéressants sur les positions occupées et l'exécution du ravitaillement.

Le terrain occupé par elle était difficilement accessible. Les pièces avaient été montées à bras derrière la crête. La batterie était fractionnée en deux demi-batteries de quatre pièces chacune, d'où diminution de la vulnérabilité sans diminution de facilité de la concentration du feu.

Les avant-trains et les caissons étaient en contre-bas en arrière. On n'avait pas organisé de chemin d'accès à la batterie, si bien qu'il fallait y apporter les munitions à bras. A la 1re batterie, les artilleurs eurent recours à l'aide de l'infanterie voisine. A la 2e batterie, les canonniers apportaient les munitions pendant les suspensions du tir. Ce transport à bras des munitions était très fatigant. L'existence de chemins d'accès permettant des échanges de caissons à proximité des pièces aurait évité cet inconvénient.

En raison de la crête très marquée occupée par les batteries russes, il n'y a eu aucune difficulté pour l'échange des caissons avec les sections de munitions amenées à Lagooulin, et le ravitaillement des échelons s'est produit facilement et normalement.

De même, il n'y a eu aucune difficulté chez les Japonais, grâce aux cheminements abrités dans les champs de gaolian.

Consommations. — Les consommations ne sont malheureusement pas connues pour la plupart des batteries, même pour les deux batteries russes dont nous possédons les rapports. Elles ont dû être assez sérieuses, étant le détail donné plus haut sur la fatigue résultant du transport à bras des munitions.

La batterie de campagne attachée à la brigade Martson a tiré en tout 40 coups des abords de Lipiou pour couvrir la retraite.

Nous avons les consommations de la batterie de campagne japonaise. Elle a tiré 62 obus brisants et 327 shrapnels, au total 389 coups ou 65 coups par pièce, c'est-à-dire **plus que de Russes mis hors de combat en face d'elle** et elle n'était pas seule à tirer. Il est vrai qu'elle n'a jamais eu l'occasion d'intervenir sur des objectifs découverts ou en mouvement fournissant des buts avantageux.

COMBINAISON DES EFFORTS DE L'INFANTERIE ET DE L'ARTILLERIE

La combinaison des efforts des deux armes est le plus souvent nécessaire pour procurer à l'infanterie la supériorité du feu. Il est très difficile à l'infanterie seule d'y parvenir à moins qu'elle ne dispose d'une position enveloppante permettant de mettre en action un effectif supérieur, ou qu'elle ne soit très favorisée par le terrain, ou qu'elle n'ait une grande supériorité dans l'instruction du tir. En général, sur des fronts égaux les deux partis engagent des nombres de fusils sensiblement égaux. Au contraire les effets du feu de l'artillerie se superposant à ceux du feu d'infanterie sont susceptibles d'amener une rupture d'équilibre permettant à l'infanterie la moins nombreuse de résister dans de bonnes conditions et parfois même de passer à l'offensive à fond.

La combinaison des efforts des deux armes dans l'offensive et dans la défensive a été réalisée pendant les combats d'Iouchoulin et de Penlin dans des conditions beaucoup moins complètes que dans le combat d'Ianselin où nous en avons trouvé plusieurs exemples

absolument typiques. Pourtant il y a des enseignements, tout au moins négatifs, à dégager à ce point
de vue.

Moyens de liaison et observation. — Il
existait des moyens de liaison rapides entre le 122e
d'infanterie russe et les batteries d'Iouchoulin, à proximité de chacun desquels se trouvait un poste optique
permettant de les relier directement, et des lignes télégraphiques et téléphoniques se rejoignant à Lagooulin.
Mais on ne sut pas les utiliser. Bien que le combat ait
commencé au lever du jour, les relations directes ne
furent établies entre le 122e et les batteries que, très
tard, à 10 heures 30 du matin, par l'envoi d'un officier
monté d'infanterie, et elles resteront incomplètes.

L'artillerie russe n'a pas su employer les observateurs avancés et latéraux dont l'emploi est maintenant
recommandé par le règlement russe comme par le règlement allemand, pour se relier à l'infanterie, discerner les objectifs ennemis et se les faire ainsi préciser. C'était pourtant le cas d'y avoir recours à l'aile
sud sur le Chisan pour découvrir les batteries japonaises, à l'aile nord au 122e en contact avec le 46e japonais.

Aussi le rapport de la 1re batterie russe déclare-t-il
qu'il fut impossible d'intervenir dans l'action du 122e
le matin parce qu'on ne distinguait pas amis et ennemis et qu'on ignorait la situation des deux partis.
Cette batterie n'osa agir contre le 46e japonais qu'après
qu'un officier d'infanterie fut venu préciser les objectifs à battre.

Il ne faut pas oublier que la combinaison intime et
complète des efforts n'est possible que grâce à une ob-

servation précise de la situation tactique et à des procédés de transmission instantanée des renseignements, ce qui exige absolument la présence d'observateurs auprès de l'infanterie et de moyens de liaison rapide, téléphone ou signaleurs. La liaison à la vue est souvent décevante et presque toujours insuffisante pour assurer une combinaison intime et complète, même à très petites distances de combat, comme le montre l'absence d'appui du 122e par les batteries d'Iouchoulin, pourtant très voisines.

L'observation effectuée uniquement de la batterie sera très souvent insuffisante en raison de la grande distance des objectifs. Le dernier règlement de l'infanterie japonaise insiste sur ce point : « C'est un devoir des officiers d'infanterie se trouvant sur la chaîne des tirailleurs de faire connaître en temps voulu au chef de l'artillerie la répartition et les déplacements des forces ennemies et de le renseigner sur les effets du feu..... »

Combinaison dans la défensive. — A 6 heures l'artillerie russe ouvre le feu sur le $\dfrac{\mathrm{II}}{46^e}$ essayant de déboucher de Foudiapousa. Le bataillon s'arrête alors, d'ailleurs sans y être forcé. Cet arrêt aurait permis, aux Russes s'ils l'avaient voulu, de faire arriver des renforts sur le Makouraïama.

A 8 heures 30, quand le $\dfrac{\mathrm{II}}{46^e}$ couronne enfin le Makouraïama, l'artillerie russe l'empêche de s'installer à la crête et l'amène à se masquer en contre-bas. Elle facilite ainsi le décrochage des postes du 122e. La portée était de 1.500 mètres environ. Le travail de combi-

naison, vu la très petite distance, a pu exceptionnellement se faire uniquement à la vue. Le $\dfrac{II}{46^e}$ restera immobilisé toute la journée plutôt par *crainte* des pertes
que par suite de *l'effet réel* de l'artillerie russe puisqu'il
n'y a eu en tout que 7 officiers et 204 hommes hors de
combat au 46e dont la majeure partie pour le Ier bataillon.

A partir de 10 heures 30, la liaison établie par un
officier d'infanterie permit aux batteries d'agir également contre le $\dfrac{I}{46^e}$ plus éloigné ; cette action continua
par intermittence jusqu'au soir chaque fois que les Japonais esquissaient un mouvement en avant. Les batteries pouvaient agir très puissamment en cas d'une
offensive japonaise sérieuse parce qu'elles l'auraient
prise d'enfilade. Cette action de l'artillerie russe a certainement beaucoup contribué à empêcher cette offensive de se produire. « D'une manière générale, dit dans
sa relation le colonel Klembovski, commandant le 122e,
le tir de notre artillerie était très efficace et excitait
l'enthousiasme des fantassins qui poussaient de grands
cris à chaque shrapnel donnant un bon éclatement.
Une seule fois des shrapnels éclatèrent presque au-
dessus de nos têtes ; on envoya un officier à la batterie
pour indiquer avec précision la direction à donner au
tir. »

Le combat du 122e offre des exemples très nets des
conséquences fâcheuses du manque de liaison. La
contre-attaque Lippoman, si énergiquement menée,
aurait eu beaucoup de chances de succès si elle avait
été appuyée par l'artillerie ; les batteries auraient facilement pu intervenir également contre la gauche
du $\dfrac{I}{46^e}$ prenant en flanc les défenseurs du Makou-

raïama. C'est la preuve de l'insuffisance de la liaison à la vue.

Une autre précieuse occasion perdue par l'artillerie russe, c'est l'absence de protection de la retraite de la brigade Martson. La batterie laissée à Lipiou aurait pu très utilement s'installer sur les hauteurs au nord ou au nord-est de ce village, en surveillance sur les crêtes du mont Okasaki, et elle se serait trouvée en position de singulièrement gêner l'infanterie de la brigade Okasaki en train de fusiller la colonne russe s'écoulant dans la vallée. Cette batterie n'a agi que très tardivement et tiré 40 coups en tout. C'était là une action à préparer d'avance puisque la batterie n'avait rien d'autre à faire.

On avait pu également du côté russe profiter de la possibilité de neutraliser par le feu de l'artillerie le 24e japonais à Lintcha pour rendre disponible la majeure partie du 121e russe et l'employer ailleurs. Le général Hamilton dit formellement que les Japonais appréhendaient cette manière de faire.

Dans la journée du 1er avril, nous avons vu l'artillerie russe faciliter le décrochage de l'échelon de repli du lieutenant-colonel Stasiouk à l'est de Koutsiatsi.

Combinaison dans l'offensive. — Du côté de la brigade Kigochi, bien que l'action des batteries japonaises eût été étudiée à l'avance, celles-ci n'ont jamais réalisé une combinaison satisfaisante avec leur infanterie. Elles l'ont soulagée indirectement soit en attirant le feu de l'artillerie, soit en canonnant de 7 heures 20 à 8 heures la crête du Makouraïama. Mais, même dans ce dernier cas, il n'y a pas eu combinaison avec le $\dfrac{\text{II}}{46^e}$ qui n'en a pas profité.

Quand à 10 heures 30, la 3e batterie de montagne est venue audacieusement se mettre en position à côté des tirailleurs du 46e et est entrée en action contre le centre du 122e, elle a été bien vite réduite au silence, et il ne semble pas que la droite du 46e ait cherché à profiter de son intervention. En somme, sauf ce court incident, le 46e n'a eu aucun appui direct de l'artillerie japonaise tandis qu'il subissait par intermittence l'action de l'artillerie russe. C'est ce qui explique son impuissance de passer à l'offensive. Les batteries japonaises agissant comme contre-batteries pour essayer d'éteindre l'artillerie russe étaient, comme nous l'avons vu, trop loin pour obtenir des effets décisifs, et du reste leur liaison avec le 46e était insuffisante pour permettre une combinaison étroite et concordante de leurs efforts.

On doit mentionner l'effet heureux de la batterie de la brigade Sasaki. Son action contre le groupe Khalmkov a permis l'enlèvement de la hauteur 620 au début du combat de Penlin. Mais ici encore, nous constatons l'insuffisance de la combinaison à la vue. Cette batterie ne put discerner exactement la position russe masquée dans un chemin creux, il fallut qu'un hasard heureux lui fit voir un renfort y disparaître tout à coup pour qu'il lui devînt possible de régler son tir et de fournir une aide efficace à l'infanterie.

Effet moral. — Mais en l'absence d'effets matériels, l'entrée en action de l'artillerie exerce un effet moral considérable sur les deux partis.

C'est ainsi que le 46e et le 24e japonais qui ne sont pas appuyés par leur artillerie et sentent possible l'action de l'artillerie russe, ne marchent pas.

Le récit du général Hamilton par contre fait ressortir le grand soulagement éprouvé dans la brigade Sasaki au début du combat de Penlin quand, après l'ouverture du feu par la batterie, on constata que l'artillerie russe ne répondait pas.

Rappelons enfin l'enthousiasme, déjà mentionné, des fantassins du 122e russe à la vue des shrapnels des batteries d'Iouchoulin éclatant sur leurs adversaires.

SERVICE DE SURETÉ

Avant le combat. — Le service de sûreté des Russes a été partout insuffisant pendant la nuit du 30 au 31 malgré le voisinage immédiat de l'ennemi.

Les faibles postes de la brigade Martson sont chassés par une seule compagnie japonaise du col de Penlin est, ce qui permettra la facile entrée en action de la brigade Sasaki.

Au 121e, il n'a été poussé presque rien en avant de la position de combat occupée par le régiment sur le Chisan et à Iouchoulin, et les petits postes sont facilement repoussés par le 24e japonais se portant en avant. La position de combat a pu cependant être prise en temps voulu parce que le régiment y bivouaquait.

Au 122e, nous trouvons de graves lacunes dans le service de sûreté. Ce régiment bivouaquait dans une cuvette à 3.000 mètres des avant-postes ennemis connus, à 300 mètres seulement des crêtes couvrantes que tenait un seul bataillon réparti sur 3 kilomètres de front.

Cette situation est d'autant plus dangereuse que le régiment campe sous la tente ce qui rend plus difficile une sortie rapide du bivouac et n'offre aucune protection contre le feu. Le colonel du 122ᵉ raconte dans sa relation qu'il avait visité le matin du 30 ses deux compagnies d'avant-postes de droite où le service était mal fait et dont il dut modifier les dispositions, mais qu'il ne put visiter les autres parce qu'il fut retenu tout l'après-midi à la conférence du commandant de corps d'armée. Il ne s'attendait pas à une attaque. La nuit, le service fut très mal assuré et aucune patrouille n'avait été poussée en avant au contact de l'ennemi. Enfin, un des postes, endormi, se laissa complètement surprendre et qui permit aux Japonais de fusiller le camp au point du jour.

Les Russes avouent d'ailleurs dans divers récits que leur attention était émoussée par la lenteur de leurs mouvements, leur séjour de plusieurs jours presque au même endroit avec des déplacements insignifiants et par les faux mouvements exécutés coup sur coup.

Il faut surtout signaler le manque de conscience dans l'exécution du service et ses graves conséquences au 122ᵉ.

Les Japonais au contraire sont solidement gardés sur leur front dans la vallée du Si-ho par des avant-postes retranchés et portés à 3 kilomètres en avant de leur gros. Ils sont sérieusement protégés vers le nord et le nord-est par des détachements mixtes qui absorbent beaucoup de monde, 3 bataillons et demi et presque toute la cavalerie ; ce service de sûreté important est motivé, au moins jusqu'au moment du combat, par la présence de forces ennemies importantes à Pensihou.

Pendant le combat — Les deux partis font preuve de passivité à leur aile nord.

Les Japonais ne bougent pas leurs détachements mixtes placés face au nord bien qu'aucune colonne ennemie ne vienne de Pensihou. Aux forces importantes ainsi immobilisées, ils joignent encore le soir les six compagnies de kobi envoyées à l'aile droite face à Hotsiapou sur le faux bruit d'un mouvement des Russes. Le service de sûreté à cette aile absorbe la presque totalité de leur cavalerie.

Chez les Russes, les éléments du groupe Grékov sont absolument passifs. Ces deux bataillons, six sotnias, deux détachements d'éclaireurs montés restent en échelon derrière l'aile qu'ils sont chargés de protéger. Ils auraient dû laisser peu de monde à ce rôle et prendre une attitude aggressive qui aurait singulièrement gêné les Japonais.

Nous avons déjà signalé la nullité du service de sûreté à l'aile sud de la brigade Martson. On s'y contente d'une sotnia et demie sur le mont Okasaki et ces cavaliers se replient presque sans coup férir.

Au lieu de laisser deux compagnies inertes à Tangiapoutsi pour assurer la liaison avec le IIIᵉ Corps Sibérien, on aurait pu les pousser avec la cavalerie sur Tchohaïkéou où elles auraient gardé la brigade vers le sud et surveillé le terrain au loin, tout en assurant aussi bien la liaison avec le IIIᵉ Corps.

On aurait pu également les avoir avec la cavalerie sur le mont Okasaki et tenant le chemin de Tchoaïlin. La brigade Martson aurait eu alors tout le temps de se retirer ou peut-être même d'achever son offensive contre la brigade Sasaki, surtout si elle avait utilisé son artillerie et les compagnies laissées sans utilisation à Lipiou.

OBSERVATION LIAISONS, TRANSMISSION DES ORDRES ET RENSEIGNEMENTS.

Nous avons indiqué au chapitre III comment était organisé le service des liaisons le 31 juillet dans les deux partis. Cette organisation avait été tout particulièrement soignée au Xe Corps russe. Nous allons voir comment elle a fonctionné.

Place des deux chefs de partis. — Le général Sloutchevski se tient toute la journée à son quartier-général à Lagooulin où aboutissaient toutes les liaisons si soigneusement organisées par ses soins. Il jugeait sa présence inutile sur le théâtre de l'action et était par principe décidé à commander de loin en se servant des moyens de liaisons techniques.

Cette manière d'agir est parfaitement rationnelle pour la conduite d'une armée ou d'actions multiples engagées sur un très grand front, ou encore quand on ne dispose d'aucun poste d'observation convenable. Ce n'était pas le cas pour le Xe Corps le 31 juillet. L'action principale se déroulait à Iouchoulin sur un front n'excédant pas 5 kilomètres ; le Chisan aurait fourni au commandant du Xe Corps un excellent observatoire d'où il eût été facile, par le sommet 650, d'établir une liaison optique avec la brigade Mlartson.

En réalité, ce ne sont pas seulement des considérations théoriques qui ont immobilisé le général Sloutchevski à Lagooulin sur les derrières de ses troupes. Ce sont beaucoup plus ses antécédents et son état physique. Le major prussien von Tettau dépeint en effet ce général comme un homme aimable, intelligent et distingué, mais n'ayant jamais servi que dans les troupes techniques et manquant de pratique militaire. En outre il était de santé médiocre, montait rarement à cheval et ne voyageait d'ordinaire qu'en voiture.

Le général Inouïé, installé, comme nous l'avons dit, sur la hauteur, au sud de Fanchinlin, voyait très bien tout le terrain de la brigade Kigochi et pouvait facilement communiquer avec ce général. Mais il n'avait aucune vue vers Penlin et ses communications avec le général Sasaki ont été lentes.

Fonctionnement des liaisons. — Les liaisons étaient théoriquement bien assurées chez les Russes qui utilisaient des moyens techniques de toute nature. Malgré cela elles ont fonctionné peu et mal. Le général Sloutchevski n'a été informé que très tard, et parfois pas du tout, de ce qui se passait à la brigade Martson. Faute de voir par lui-même et en l'absence de comptes-rendus bien faits, il n'a jamais eu le sentiment exact de la situation et en particulier de la possibilité qu'il avait toute la matinée de passer à l'offensive à son choix dans le secteur du 122ᵉ ou dans celui du 121ᵉ.

Il y a un manque manifeste de méthode dans le fonctionnement de l'état-major et des liaisons. Le colonel Tsourikov, chef d'état-major, est envoyé le matin voir ce qui se passe à la brigade Martson, au lieu de rester auprès du commandant du corps d'armée pour diriger le travail de l'état-major et coordonner les renseignements ; il fait là le métier d'un capitaine.

Tous les moyens techniques préparés restent très

peu utilisés, même entre les états-majors, faute d'habitude de s'en servir, et pas utilisés du tout pour la liaison entre infanterie et artillerie qui ne fut assurée que rarement et tard par l'envoi d'officiers d'infanterie vers les batteries ; rien n'aurait cependant été plus facile que d'assurer une liaison optique entre le 122e et les batteries d'Iouchoulin.

La meilleure preuve que les liaisons techniques ne fonctionnent pas bien, c'est l'envoi d'officiers d'état-major à plusieurs reprises auprès de la brigade Martson.

Les liaisons n'ont pas mieux fonctionné du reste chez les Japonais. Il faut quatre ou cinq heures pour que le général Inouïé et le général Sasaki arrivent à échanger une réponse, bien qu'il n'y ait que 6 kilomètres de Daïtaïkiou, terminus de la ligne téléphonique, à Penlin. On aurait d'ailleurs dû pousser le téléphone en avant conformément aux progrès de la brigade Sasaki.

Télégraphe électrique. — Le télégraphe électrique a procuré au Xe Corps russe une liaison sûre avec le commandant en chef, et par l'arrière avec le IIIe Corps Sibérien, et permis d'échanger à plusieurs reprises des renseignements au cours de la journée.

D'après le général Hamilton, la liaison entre la 12e Division japonaise et le général Kuroki aurait fait défaut, et le général Kuroki serait resté toute la journée sans nouvelles du général Inouïé. Il est possible qu'en réalité les liaisons télégraphiques aient fonctionné, mais que, les nouvelles n'étant pas très bonnes, on les ait cachées au général Hamilton.

Téléphone. — Malgré son emploi incomplet, le téléphone a rendu des services sérieux du côté russe.

Ainsi le colonel Tsourikov, revenant de Penlin et passant à Lipiou, s'en servit pour adresser un compte-rendu qui motiva l'envoi de très bonne heure des quatre sotnias du régiment Térck-Kouban à Lipiou où elles arrivèrent à temps pour aider à recueillir la brigade Martson.

Dans l'après-midi, la ligne établie entre Lagooulin et Toundiapou permit au capitaine Skibine, envoyé à la recherche de la brigade Martson, de rendre compte de la présence de cette brigade à Toundiapou, et de recevoir immédiatement l'ordre de faire venir cette brigade à Lagooulin. Il en est résulté un gros gain de temps.

Le téléphone a été également utilisé pour des liaisons de détail entre les généraux Mau et Grékov.

Il semble avoir eu chez les Japonais un rendement très insuffisant.

Optique et signaleurs. — Les Russes n'avaient pas encore de signaleurs, les équipes de signaleurs des troupes de toutes armes ne seront créées que dans le courant du mois d'août.

D'après la relation du colonel Klembovski, le 46e japonais a fait toute la journée un fréquent emploi des signaleurs pendant le combat (fanions blancs).

La télégraphie optique semble être restée inutilisée chez les Russes, évidemment par inexpérience, puisque les postes avaient été établis.

Ballon captif. — Nous avons mentionné la reconnaissance personnelle exécutée le 29 en ballon captif par le général Sloutchevski. Faite de trop loin, cette reconnaissance n'a fourni aucun renseignement. L'observation au ballon ne peut donner de résultats qu'effectuée par des observateurs spécialement préparés à ce rôle et ayant l'habitude de ce genre de travail.

Le ballon ne fut pas utilisé le 31 pendant le combat.

Son emploi le 29 a attiré l'attention des Japonais sur leur aile nord en leur fournissant l'indice de la présence d'un état-major russe important de ce côté.

Officiers de liaison. — On parle souvent de la nécessité de détacher auprès des troupes voisines ou aux autres échelons hiérarchiques des officiers de liaison chargés spécialement de tenir au courant des événements l'unité qui les a fournis.

Les Russes en avaient. Le général Lioubavine avait envoyé un officier à l'état-major du Xe Corps ; le général Sloutchevski en avait envoyé un à l'état-major du IIIe Corps Sibérien. Nous ne trouvons cependant aucune trace d'action utile de ces officiers.

C'est qu'il est nécessaire qu'ils aient très bien choisis, qu'ils sachent leur métier et qu'ils jouissent surtout de la *confiance complète* de celui qui les a envoyés, car sans cela leurs avis seront sans valeur.

En somme, ce jour-là, les liaisons, si bien préparées, surtout du côté russe, ont fait faillite. C'est qu'il ne suffit de vouloir avoir des liaisons bien établies, ni même de les établir. Il est indispensable qu'on soit familiarisé avec leur emploi pour en tirer ce qu'elles doivent donner, et ce n'est possible que si on s'y est exercé en temps de paix.

CONDUITE DU COMMANDEMENT

Unité du commandement ; netteté des missions. — Le commandement offre du côté russe une lacune des plus graves : l'absence de toute unité de commandement supérieur.

Nous avons vu quel était le manque d'organisation du commandement sur l'ensemble du front est. Vu les intervalles considérables entre les différents groupes, il aurait été admissible que le général en chef conservât en main l'impulsion à donner au général Keller et au général Sloutchevski, à condition que cette impulsion se traduisît par des missions nettes et concordantes. Mais le manque d'unité de commandement est criant à l'aile gauche de ce front.

De ce côté, le général Sloutchevski avec le Xe Corps, les détachements Groulev et Lioubavine ont des missions analogues : barrer à la droite de la Ire Armée japonaise la route soit vers Liao-Iang, soit vers Moukden. Mais ces divers éléments, bien qu'ayant même rôle et même adversaire, n'ont pas de chef commun ; les missions attribuées à chacun d'eux sont purement passives ; ils n'ont même aucune indication de s'aider mutuellement. C'est *l'anarchie organisée.*

Le spectacle de ce manque de direction est particulièrement pénible du côté de Pensihou où pendant plusieurs jours la brigade cosaque Lioubavine, le régiment de Daghestan, le bataillon du 1er régiment sibérien, le 11e régiment de Pskov et deux unités d'artillerie différentes·sont empilés au même point sans aucune liaison et opérant chacun pour leur compte. Le commandement aurait dû s'y établir automatiquement sans besoin d'intervention du général en chef ni de son état-major. Le 29 juillet seulement, une décision du major-général règle la situation, et elle n'est pas heureuse. Il est formé deux détachements, Groulev et Lioubavine, indépendants l'un de l'autre et relevant chacun directement du général Kouropatkine. Aussi le général Sloutchevski n'ose ni leur donner d'ordres, ni même seulement leur demander leur coopération.

Certes, dans une armée imprégnée du goût de l'initiative et d'esprit offensif, ces détachements auraient, d'eux-mêmes et sans ordre, coopéré au combat du Xe Corps. Mais les mauvaises conditions initiales où ils sont placés, les gênent, de même que le Xe Corps. Les missions assignées sont purement passives ; elles entraînent fatalement l'immobilité et le manque de concordance des efforts. Le colonel Groulev, avec ses cinq bataillons, six sotnias et demie, et six canons, reste inerte à 15 kilomètres du champ de bataille. Il en est de même de la brigade Lioubavine, 12 sotnias, immobile quelques kilomètres plus loin au lieu de venir prendre à dos la 12e Division japonaise. Si les détachements Groulev et Lioubavine avaient agi avec quelque activité, la situation de cette division serait devenue intenable et elle aurait dû être écrasée.

Ce manque d'unité du commandement et cette tendance à la passivité des sous-ordres ont encore été aggravés par le manque de décision du commandement supérieur qui n'a fait sentir en rien sa direction, n'a indiqué aucun objectif positif et a laissé complètement inutilisé à Liao-Iang le XVIIe Corps, pendant que des combats se livraient aussi bien sur tout le front est que sur le front sud des troupes avancées de l'armée russe.

Tous ces défauts du commandement supérieur, nous les retrouvons à l'intérieur du Xe Corps russe. Le général Sloutchevski ne prend aucune décision, ne donne aucun ordre net, n'assure en rien la coordination des efforts de ses divers groupes, ne manifeste aucun indice d'une volonté ferme.

Nous trouvons aussi au Xe Corps la même manie des conférences et des conseils de guerre que nous avons signalée au IIIe Corps Sibérien (1). Le 25, le 26 il y a réunion de tous les colonels et généraux du corps d'armée. Le 30, il y en a une chez le général Mau pour la 31e Division. Le 31, à la fin du combat on réunit un conseil de guerre pour faire décider la retraite. Dans toutes ces parlotes le temps se perd, et les responsabilités sont déplacées.

Revoyons les ordres donnés au Xe Corps.

Le 26, c'est un ordre plein de confusion et de timidité, qui indique la prévision de plusieurs jours d'immobilité puisqu'il prescrit que deux des brigades se relèveront l'une l'autre sur une même position. Cet ordre indique une *position principale* derrière le Lanho, une *position avancée* à Lagooulin.

Le 27, ordre est donné de porter une brigade en avant de Lagooulin ; cet ordre n'est exécuté que le 29.

L'ordre donné le 29 pour le 30 et le 31 n'est communiqué à une partie des généraux que le 30 à midi et aux troupes que dans la nuit du 30 au 31. Cet ordre ne prévoit aucune combinaison avec le détachement Grou-

(1) Voir combat de Tkaouan-Iouselin (Edité chez Fournier).

lev, il ne contient aucune idée offensive, le X⁰ Corps reste figé sur ses positions. La brigade Martson, envoyée isolément à Penlin sans autre mission que de réparer un chemin, est exposée à s'y faire battre isolément puisque le reste du X⁰ Corps ne marche pas. Au général Grékov, cet ordre fixe des emplacements et non une mission, d'où la passivité complète de celui-ci le 31.

Non seulement le général Sloutchevski a été incapable de s'élever jusqu'à une idée quelconque d'offensive ; il a étouffé les velléités de marcher manifestées par ses subordonnés, le général Mau commandant la 31⁰ Division et le colonel du 122⁰, le 31 juillet vers midi, quand les Japonais marquent, au milieu de la journée, un temps d'arrêt.

Qu'aurait pu faire le général Sloutchevski ? .

Avant tout, il aurait dû ne pas se priver de la totalité de la brigade Martson, et ne détacher vers Penlin que l'effectif strictement nécessaire pour garder ce col et retarder les renforts japonais pouvant venir du gros de la I⁰ᵉ Armée. Trois ou quatre bataillons avec autant d'escadrons et la batterie de montagne suffisaient à ce rôle, à condition de pousser de petits détachements mixtes d'infanterie et de cavalerie au contact des gros Japonais au sud de Sihoïan et au nord de Motienlin.

Cela fait, il avait à attaquer la 12⁰ Division japonaise, dont il savait le gros à Sihoïan, **pour la battre**. Cette offensive, il pouvait la prendre soit par sa gauche au nord du Si-ho, soit par sa droite au sud de cette rivière, en portant du côté choisi le gros de ses forces. Dans les deux cas, il fallait appeler les détachements Groulev et Lioubavine à agir concentriquement contre l'aile nord japonaise. Toutes les chances de succès auraient été pour le général Sloutchevski car il aurait eu une sérieuse supériorité numérique et un point de départ stratégique très avantageux.

L'action par l'aile nord offrait les risques minima, menaçait les communications des Japonais, et forçait ceux-ci à reculer et à cesser de menacer les directions de Liao-Iang et de Moukden.

L'action par l'aile sud offrait des risques plus grands en cas d'envoi de renforts par le général Kuroki, mais elle menaçait la 12° Division d'un enveloppement complet.

Dans l'un comme dans l'autre cas il était possible de donner à tous les exécutants des missions nettes, des objectifs positifs, et l'importance des résultats à atteindre aurait été visible pour tous.

Si le général Sloutchevski avait entraîné dans son combat les détachemenus Groulev et Lioubavine, il lui aurait été possible, défalcation faite d'un régiment d'infanterie et d'un de cavalerie à détacher à Penlin, de réunir toute la matinée :

25 bataillons,

30 escadrons,

100 canons, pour agir contre les 12 bataillons et 30 canons des brigades japonaises Kigochi et Umesawa. Bien que le colonel Groulev et le général Lioubavine ne fussent pas sous ses ordres, il aurait dû les appeler ou ceux-ci *accourir* d'eux-mêmes à la bataille.

Même sans faire appel aux détachements Groulev et Lioubavine, il aurait encore disposé pour cette opération de :

20 bataillons,

13 escadrons,

88 canons.

Enfin, dans l'affaire telle qu'elle a été engagée, il

pouvait encore le matin, après la surprise du 122e, engager la brigade Riabinkine (6 bataillons, 1 escadron) et le détachement Grékov (1 bataillon, 6 escadrons), et appeler le bataillon du 34e laissé inutile à Toundiapou. Il était possible également d'employer offensivement la majeure partie du 121e si nous en croyons l'opinion même des Japonais reflétée par le général Hamilton : « En cette journée du 31 juillet, dit-il, les canons russes étaient capables de garder à eux seuls les hauteurs du Chisan, et le gros de l'infanterie aurait pu être employé contre la droite japonaise où il n'y avait que deux bataillons susceptibles d'être opposés à une attaque venant du nord et du nord-ouest. » Le général Sloutchevski disposait de 15 ou 16 bataillons et 13 escadrons, sans parler de son artillerie, trois fois plus nombreuse que l'artillerie japonaise, qu'il ne veut pas employer et rejette aux bagages.

Mais le commandant du Xe Corps russe ne se décide à rien, pas plus à éviter une grosse affaire en reculant à temps, qu'à prendre une bonne offensive. Sa passivité est complète. Il dépense sa réserve bataillon par bataillon pour parer sans jamais riposter.

Le manque de confiance des Russes en eux-mêmes les a rendus timides et les a conduits à l'abus des positions. Même quand ils parlent d'offensive, ils passent leur temps à s'arrêter sur toutes les positions possibles et à y gratter la terre, sous prétexte de progression méthodique. Dans la zone du Xe Corps, nous voyons organiser en six jours :

Une *position principale* sur le Lan-ho,

Une *première position d'avant-garde* à Lagooulin,

Une *deuxième position d'avant-garde* à Iouchoulin.

En outre les troupes savaient qu'en arrière d'elles de gros travaux étaient exécutés sur la position d'Anpinlin en vue d'une bataille en avant de Liao-Iang, et qu'on créait encore plus en arrière autour de cette ville un véritable camp retranché.

Les troupes sont dégoûtées de tous ces travaux dont l'utilité était des plus discutables ; elles les exécutent mal et sans soin.

La conception du général Kuroki de prendre l'offensive partout à la fois, malgré son infériorité numérique, était extrêmement audacieuse et aventurée (1). Elle n'est explicable que par le sentiment déjà acquis par les Japonais de la passivité des Russes et de leur incapacité de prendre l'offensive s'ils sont attaqués eux-mêmes.

L'action du commandement supérieur dans le combat de la Division et de la brigade Okasaki est satisfaisante.

Les missions données par le général Inouïé aux brigades Kigochi et Sasaki, et par le général Kuroki à la brigade Okasaki, sont nettes. Connues de tous, elles permettent la combinaison des efforts des brigades Sasaki et Okasaki. De fait, malgré des fautes graves dans la conception et dans l'exécution, elles ont assuré, grâce à la ténacité des généraux Inouïé et Kigochi, le succès final.

Calme du commandement supérieur. — Dans l'étude du combat d'Ianselin, nous avons constaté une opposition frappante entre le calme des généraux japonais restant à leur poste d'observation et conduisant logiquement l'action, et l'agitation des généraux russes

______

(1) Voir dans le combat de Tkaouan-Ianselin (Edité par Fournier) la discussion de la manœuvre de la Iʳᵉ Armée japonaise.

s'agitant et s'exposant sans nécessité et même sans utilité.

Dans le combat d'Iouchoulin, le calme est égal chez le général Sloutchevski et chez le général Inouïé qui restent tous deux immobiles toute la journéé à leur poste de commandement. Nous ne reviendrons pas sur les défectuosités des points choisis par eux.

L'un et l'autre engagent peu à peu leurs réserves. Mais le général Inouïé est autrement hardi dans cet emploi. Bien que craignant l'intervention du détachement Groulev, il conserve seulement à la fin de la journée un demi-bataillon en réserve, et le général Kigochi, une compagnie. Le général Sloutchevski a bien envoyé à Lipiou le soir les deux derniers bataillons du 33e, mais il avait derrière lui la brigade Martson remise en ordre et un bataillon frais du 34e à Toundiapou, qu'il oublie du reste de faire venir ; il savait que deux bataillons du 34e à la disposition général Grékov n'avaient pas été engagés et étaient à même de soutenir le 122e, et enfin que le 121e n'avait pas été sérieusement engagé de la journée.

Fautes des Japonais. — Cela n'empêche pas que des fautes se soient produites du côté japonais. La conception du général Inouïé est très défectueuse. Elle est caractérisée par la répartition à peu près égale de ses forces entre le combat dans la vallée du Si-ho et l'opération sur Penlin :

8 bataillons, y compris les 3 bataillons de Kobi de la Garde dans la vallée du Si-ho ;

5 bataillons de la brigade Sasaki sur Penlin où ils doivent être rejoints par les 4 bataillons d'Okasaki.

Les Japonais livrent ainsi deux combats entièrement

distincts à 6 kilomètres l'un de l'autre ! Même après l'arrivée des quatre bataillons de la brigade Okasaki à Penlin, la brigade Martson aurait pu tenir longtemps, ayant sept bataillons contre neuf, si elle avait mieux opéré. La brigade Kigochi pouvait et devait être écrasée si le gros du Xᵉ Corps, même sans le détachement Groulev, avait marché carrément sur elle. Même en escomptant l'inertie des Russes, on ne pouvait espérer l'inutilisation presque complète de l'artillerie et une passivité comme celle du général Sloutchevski.

Ce fractionnement des forces japonaises était d'autant plus fâcheux que le terrain était très difficile et que si les Russes, même battus à Penlin, se maintenaient sur la montagne 650, il devait être impossible à la brigade Sasaki de suivre la vallée conduisant à Likéou. En fait le général Inouïé a été hors d'état de ramener la brigade Sasaki sur le terrain d'action de la brigade Kigochi jusqu'au lendemain matin.

On peut critiquer aussi l'importance des détachements employés à couvrir la 12ᵉ Division du côté de Pensihou. Dès le matin il a été maintenu de ce côté trois bataillons et demi et près de trois escadrons ; le soir, il y a eu la valeur de cinq bataillons.

Ces mesures étaient compréhensibles le matin à cause du danger d'une intervention de ce côté, mais plus le soir où les reconnaissances poussées au contact sur Pensihou et Santsiatsi auraient dû constater l'inertie des détachements russes.

Il y a lieu de remarquer tout spécialement le manque de coordination des opérations des généraux Sasaki et Okasaki qui, toute la journée, travaillent chacun pour son compte.

Le matin, il n'y a d'abord aucune liaison entre eux, mais leur mission commune les amène à se ressouder sur l'objectif commun. Le général Sasaki a raison d'attaquer sans attendre l'arrivée de la brigade Okasaki, car il était nécessaire de fixer la brigade Martson et de l'accrocher pour la livrer à l'arrivée d'Okasaki. Mais il n'avait pas intérêt à s'engager à fond tant qu'il n'avait pas de nouvelles de celui-ci. De fait il n'a pu progresser que quand le général Martson a décidé de se retirer.

A partir de 9 heures 30, moment où les deux brigades japonaises sont en contact, aucune entente ne se produit. La brigade Sasaki s'arrête quand le général Okasaki entre en action et ne tente aucune poursuite avant midi 30. Inversement, la brigade Okasaki reste immobile tout l'après-midi quand le général Sasaki esquisse un mouvement en avant. Il semble vraiment que ces deux généraux n'ont pas échangé une pensée de toute la journée.

Le général Sasaki en particulier a accumulé les faux mouvements : arrêt de 9 heures 30 à midi 30, poursuite sans énergie vers Lipiou ; nouvel arrêt jusqu'à 6 heures pour se rassembler alors qu'il a reçu à 2 heures l'ordre de marcher sur Likéou ; attente de l'arrivée de ses derniers éléments pour entamer ce mouvement.

Malgré la fatigue incontestable des troupes, il y a dans tout cela l'indice d'un commandement médiocre. Le général Sasaki a du reste été rappelé peu après au Japon.

Si le général Martson avait pris l'offensive dès le point du jour en se gardant au loin vers le sud par des détachements mixtes retardant la brigade Okasaki, il aurait eu le temps de battre le général Sasaki arrivant avec deux bataillons et demi seulement à 5 heures 30 à Penlin est, et ne recevant que vers 7 heures les deux bataillons du 47ᵉ. En tout cas il aurait pu, en tenant le massif 650, barrer les vallées conduisant à Lipiou et à Likéou et empêcher les brigades Sasaki et Okasaki d'intervenir dans le combat d'Iouchoulin.

Ténacité du commandant japonais. — En somme, bien qu'ayant obtenu un petit succès partiel sur le 122ᵉ russe, et malgré le sérieux échec infligé à la brigade Martson, les Japonais n'ont remporté aucun succès décisif. Le général Martson n'a pas été écrasé parce que, de ce côté, les Japonais, soit mollesse, soit fatigue, n'ont pas continué leur offensive. Sur le Si-ho, ils n'ont rien obtenu ; ils sont incapables de progresser et s'attendent à une attaque de nuit ou à la reprise de la lutte par les Russes le lendemain.

Le général Inouïé persiste cependant dans son idée offensive pour le 1ᵉʳ août et donne des ordres dans ce sens. Au contraire, le général Sloutchevski désespère de la partie et s'avance battu en s'en allant.

Le commandement japonais ne s'est pas montré supérieur au commandant russe dans la conception stratégique ni dans l'exécution tactique, mais il s'est montré supérieur *en volonté* et il en a été récompensé par la victoire.

Craintes exagérées pour le flanc nord dans les deux partis. — La crainte pour leur aile nord était logique chez les Japonais qui connaissaient l'existence des détachements russes de Pensihou et de Santsiatsi. Elle est inexplicable chez les Russes en raison des renseignements possédés par eux et de la possibilité d'être tenus au courant par leur cavalerie.

Cette crainte a hypnotisé tout le monde et amené les faux comptes-rendus qui se sont produits dans les deux partis, motivés chez les Russes par le mouvement du détachement de six compagnies et une batterie de montagne allant prendre une position défensive face à Hotsiapou, ne reposant chez les Japonais sur aucun mouvement réel des Russes.

Ces faux comptes-rendus ont amené les deux partis à renoncer à l'offensive à leur aile nord. Cette décision fut surtout fâcheuse pour les Russes.

Lenteur des mouvements. — Il est très difficile pour le commandement d'apprécier la rapidité des déplacements de troupe et il peut en résulter de graves déconvenues.

Ainsi, chez les Russes, ordre est envoyé à 6 heures du matin à trois compagnies du 121ᵉ d'aller soutenir le 122ᵉ. La première arrive à destination à 11 heures, une autre assez tard dans l'après-midi, et la troisième pas du tout. Deux bataillons du 35ᵉ, envoyés à Lipiou à 4 heures 15, n'y arrivent qu'à minuit ; cette lenteur est inconcevable et ne peut s'expliquer par la fatigue des troupes car ces bataillons étaient immobiles et en réserve depuis le matin ; il faut donc qu'ils aient marché avec une extraordinaire timidité ou que leur chef ait manqué de conscience.

Chez les Japonais, il était impossible pour le général Inouïé de prévoir à midi qu'il ne pourra pas ramener Sasaki près de lui dans l'après-midi.

Chez les Russes, la lenteur est souvent motivée par la mollesse ou l'inexécution des ordres. Ainsi le 122ᵉ, après avoir employé le 28 matin quatre heures et demie sur route pour faire 14 kilomètres, ne repart pas de

Lioutsalatsi à 1 heure, comme il en a reçu l'ordre renouvelé de son général de brigade, mais seulement à 3 heures. Le 29, ce régiment, parti à 6 heures du matin, s'arrête et se met au repos après avoir occupé presque sans effort le Makouraïama ; il s'arrête de midi à 3 heures 30.

Avec de pareils retards des exécutants, aucun calcul n'est possible au commandement supérieur.

Retraite des Russes. — Nous devons constater que la retraite des Russes s'effectue bien. Les replis successifs sont bien préparés, le terrain bien utilisé. Mais la facilité même du décrochage montre que cette retraite n'était pas nécessaire. Les Japonais bien qu'ayant remarqué le départ des canons russes à Iouchoulin, ne peuvent croire à la retraite de leurs adversaires, tant ils se sentent peu vainqueurs, et ils ne s'aperçoivent de rien toute la nuit. Nous avons fait la même constatation en étudiant le combat d'Ianselin.

Le 1er août, les Japonais se montrent peu mordants et timides. Ils sentent d'ailleurs que les Russes vont repasser le Lan-ho. Ils ne se pressent pas pour ne pas faire tuer de monde inutilement puisqu'il n'y a pas de lauriers à recueillir.

IMPORTANCE DES FACTEURS NUMÉRIQUES

Le nombre ne suffit pas à lui seul à donner le succès ; il faut savoir le mettre en œuvre. Il y a là un enseignement consolant, et d'une haute valeur morale.

Proportion des forces à proximité. — L'ensemble des forces russes se trouvant à proximité du théâtre des combats d'Iouchoulin et de Penlin était incontestablement supérieur aux forces japonaises. L'arrivée du XVIIᵉ Corps, dont le gros fut maintenu inutilisé à Liao-Iang, aurait pu rendre cette supériorité écrasante.

Les deux tableaux suivants résument la situation.

Russes.

	Bataillons	Escadrons	Canons
Sloutchevski. . . .	24	16	95
Groulev.	5	6 et 1/2	6
Lioubavine. . . .		12	
	29	34 et 1/2	101

Japonais.

	Bataillons	Escadrons	Canons
12ᵉ Division. . . .	12	3	30
Brig. de Kobi . . .	5	1	6
Okasaki.	4		
	21	4	36

Il y a une grosse disproportion en faveur des Russes, même si on ne veut pas tenir compte des détachements Groulev et Lioubavine, car alors il faudrait défalquer des forces japonaises les trois bataillons et demi et trois escadrons employés à la protection du flanc nord.

Les Russes avaient surtout une énorme supériorité en cavalerie et en artillerie dont ils ne surent tirer aucun profit.

Proportion des forces présentes sur le terrain. — En déduisant les troupes nettement distraites des deux combats et en ne tenant compte que de celles qu'on pouvait réellement y engager (c'est-à-dire en déduisant pour les Russes les détachements Groulev et Lioubavine et les éléments laissés à Toundiapou, pour les Japonais leurs flanc-gardes de droite), les Russes ont encore l'avantage numérique :

	Bataillons	Escadrons	Canons
Russes.	23	14	55
Japonais.	17 et 1/2	4	36

mais la proportion est déjà bien moins désavantageuse pour les Japonais.

Troupes réellement engagées au combat. — En déduisant des chiffres précédents les réserves non engagées, nous allons avoir les troupes réellement utilisées pour le combat. Nous trouvons.

	Bataillons	Escadrons	Canons
Russes.	16 et 1/2	10	24
Japonais.	14	4	36

La proportion tend de plus en plus à devenir avantageuse pour les Japonais parce que ceux-ci utiliseront la presque totalité de leurs forces présentes. Ils ont l'avantage du nombre en artillerie, presque l'égalité en infanterie, et la supériorité des Russes en cavalerie est diminuée des deux tiers. Il est toutefois nécessaire de discuter ces chiffres.

Nous avons vu les généraux Inouïé et Kigochi employer tout leur monde sauf trois compagnies, le général Sasaki engager toute sa brigade; le général Okasaki ne conserver disponible qu'un bataillon. Mais il faut remarquer qu'à partir de midi, Okasaki et Sasaki n'ont plus rien fait de productif et n'ont pu intervenir en rien dans l'action d'Iouchoulin.

Chez les Russes, sans parler du bataillon et des cinq batteries de la 9e Division renvoyés aux bagages à Toundiapou, nous voyons une utilisation insuffisante des six bataillons de la brigade Riabinkine maintenue en réserve : deux de ces bataillons seulement ont réellement doublé le 122e ; trois du 33e ont bien été envoyés dans la soirée à la montagne 650 et à Lipiou, mais ils n'ont pas été engagés ce soir-là. Il y a eu inutilisation complète de trois des cinq batteries de la 31e Division, et les deux bataillons du 34e donnés au général Grékov n'ont pas tiré un coup de fusil. En somme, sauf les deux bataillons envoyés au 122e, les troupes en réserve ont été absolument inefficientes : le commandement s'est borné à se mettre en mesure de parer passivement les coups.

Quatorze compagnies du 121e russe jouissant de l'appui de leur artillerie sont restées immobilisées en face de huit compagnies du 24e japonais.

Toute la matinée, quinze compagnies du 122e, ayant, il est vrai, subi une surprise, un bataillon du 33e, une compagnie du 121e, au total vingt compagnies, ne passent pas à l'offensive en face de quatorze compagnies japonais (dix du 46e, quatre du 24e), et derrière restent inutilisés les deux bataillons du général Grékov et le du reste 33e qu'on pouvait amener rapidement derrière l'aile gauche. Il était impossible à l'artillerie japonaise maintenue, sauf une batterie, au sud du Si-ho, d'intervenir à temps à l'aile nord si une attaque russe décidée et rondement menée avec une grosse supériorité d'infanterie se produisait de ce côté.

Il ne suffit donc pas d'avoir la supériorité numérique. Il faut *savoir* et *oser* la mettre en œuvre.

Cela nous mène tout naturellement à l'étude des facteurs moraux.

FACTEURS MORAUX

C'est dans les facteurs moraux qu'il faut chercher la vraie cause des défaites russes.

Chefs et troupes n'avaient pas été préparés par leur éducation antérieure du temps de paix à l'initiative tactique et à l'offensive ; ils avaient été habitués à être tenus en lisière par le commandement supérieur et à exécuter passivement les ordres. Cette orientation défectueuse de leur éducation militaire avait produit chez les chefs de l'armée russe un manque de souplesse d'esprit qui ne leur permit pas de discerner les causes véritables des succès des Japonais. Trompés par les temps d'arrêt, souvent très longs, marqués par ceux-ci, ils en ont conclu à la nécessité d'une lenteur méthodique dans les opérations et de l'exécution de nombreux travaux de fortification pour garantir la possession du terrain occupé. Cela finit d'ankyloser ces gens déjà si peu préparés à l'idée d'imposer leur volonté à l'ennemi par l'offensive.

Le manque de confiance du commandement en soi-même et en ses subordonnés est bien montré par les colloques fréquents auxquels sont convoqués les généraux et les colonels qui s'aperçoivent bien de ce manque de confiance.

Les conséquences naturelles de cet état d'âme sont que les généraux russes n'osent pas passer à une offensive nette en vue d'un but positif, qu'ils s'acoquinent à des positions, qu'ils n'osent jamais utiliser, pour arracher le succès, des réserves considérables employées seulement à permettre de parer à un échec toujours redouté.

Chez les sous-ordres, nous trouvons de même le manque de confiance en soi et dans les voisins. Ils n'osent prendre sur eux de passer à l'offensive, de crainte de n'être pas soutenus ou d'être désavoués en cas d'échec ; ils en demandent la permission, et on la leur refuse.

Les événements des jours précédents, les tâtonnements, les ordres et les contre-ordres, l'attitude hésitante des généraux ont ruiné la confiance des troupes dans le commandement. On piétine et pourtant les fatigues sont considérables à cause des parties de drogue et des travaux inutiles sur toutes les positions possibles. Les troupes ne se sentent pas menées.

Enfin, les succès continus des Japonais depuis le début de la guerre exercent une action déprimante. Même les troupes récemment arrivées d'Europe, qui n'ont pas encore été engagées, accordent aux troupes japonaises une valeur exagérée ; elles sont imbues de l'idée de la supériorité de l'ennemi.

Tous ces facteurs réunis créent aux Russes, chefs et troupes, une **mentalité de vaincus**.

Dans ces conditions, il est naturel que nous n'ayons à enregistrer chez eux ni audace dans la conception, ni initiative et élan dans l'exécution des opérations. Les troupes se battent bien où on les a placées, mais elles se bornent à tenir les positions assignées et à exécuter les ordres.

Chez les Japonais, nous constatons qu'il n'y a en général aucune précipitation dans l'exécution. Ils réfléchissent longuement avant d'agir, font preuve d'une **très grande prudence**, préparent soigneusement tous leurs moyens. Mais une fois l'action décidée, leur offensive est partout résolue et exécutée avec l'utilisation de tous les moyens. On engage tous les canons, toutes les réserves, s'il le faut.

Nous constatons surtout une ténacité remarquable du commandement supérieur qui poursuit avec obstination la réalisation de sa conception.

Le courage des soldats est égal dans les deux armées, mais différent dans ses manifestations. Chez les Russes, il se traduit par une endurance et un calme remarquables. Le 122e est surpris par la fusillade dans son camp sans se débander ; l'infanterie du général Martson bat en retraite sous un feu auquel elle ne peut répondre sans que personne songe à se rendre. Chez les Japonais, il y a plus d'élan et de mouvement en avant. Les Russes ont un courage passif, les Japonais une bravoure plus active. Chez ceux-ci, il y a surtout plus de courage moral du commandement, fruit de l'éducation antérieure et de la confiance en soi-même.

Un facteur intéressant est mis en évidence par les combats d'Iouchoulin et de Penlin : l'énorme influence de la fatigue et de la longueur de l'action.

Les troupes japonaises ont été mises en mouvement très tôt dans la nuit, la brigade Okasaki dès 11 heures du soir. Elles ont parcouru pendant la nuit des chemins très difficiles. Avec cela, dès le jour, il fait une chaleur torride, 40 à 45 degrés, et presque partout le terrain est sans eau. Cette fatigue suffit à arrêter les brigades Sasaki et Okasaki qui laissent échapper une occasion sûre d'exterminer la brigade Martson.

A la brigade Kigochi et dans les éléments de la 31e Division russe, il n'y a pas eu cette fatigue de la marche, mais celle résultant d'un combat prolongé sous un soleil de feu. Les Japonais sentant l'impossibilité de leur offensive directe et attendent inutilement l'arrivée de Sasaki ; les Russes du 122e, qui ont eu vers midi une velléité d'offensive dont le commandement n'a pas voulu profiter, se lassent. Le compte-rendu du colonel Klembowski daté de trois heures du soir réflète cet état d'âme : il y parle de la fatigue de ses hommes qui combattent depuis dix heures, et il ne réfléchit pas que les Japonais combattent depuis aussi longtemps et doivent être aussi fatigués.

A la brigade Martson, après la désorganisation dans le défilé de Lipiou, il se produit une détente de toutes les volontés. La retraite sur Koutsiatsi était inutile puisque l'ennemi n'a pas poursuivi et que les quatre sotnias de Térek-Kouban se sont maintenues à Lipiou et la demi-compagnie du 121e sur la montagne 650, sans être sérieusement inquiétées, jusqu'à l'arrivée des bataillons du 33e. Malgré la fatigue du matin, la peur a donné la force de reculer hâtivement sur Koutsiatsi, puis sur Toundiapou.

Un autre gros défaut moral de l'armée russe, c'est le manque de conscience dans l'exécution. Le service de sûreté est mal assuré. Les tranchées, quand on en creuse, ne sont pas achevées. La marche s'effectue avec une lenteur étonnante, coupée d'arrêts et de repos non indispensables.

De tout ce qui précède, il ressort qu'il faut au commandement, à *tous les degrés*, une grande force d'âme pour assumer sans hésiter les responsabilités, pour déployer l'initiative nécessaire, pour ne pas craindre d'exiger de la troupe des fatigues extrêmes et les pertes les plus sanglantes quand le résultat à atteindre le mérite, pour tirer de tous le maximum de rendement possible.

Déjà, même aux manœuvres, quand elles se continuent de jour et de nuit sans interruption et sont par suite un peu sévères, on constate chez certains officiers la lassitude et le désir de s'arrêter. La guerre, où la tension nerveuse s'ajoute à la fatigue physique, est autrement dure et pénible. En fait, nous voyons ce jour-là, sur tout le champ de bataille et dans les deux partis, que les exécutants sont rendus, *qu'ils n'en veulent plus*.

C'est aux chefs à revivier les volontés émoussées. Cela exige chez tous les officiers, et plus particulièrement dans les état-majors et le haut commandement, une vigueur physique intacte et une vigueur morale portée au plus haut degré. Il faut aux chefs une volonté implacable, exempte de toute sensiblerie, n'hésitant pas devant tous les sacrifices nécessaires, exigeant des hommes les efforts les plus extrêmes et jusqu'à leur dernier souffle. Cette énergie du commandement n'est possible que pour des officiers ayant non seulement une vigueur physique et morale parfaite, mais encore une confiance imperturbable en eux-mêmes et dans leurs troupes.

Cette confiance en eux-mêmes, ils ne l'auront que s'ils ont été habitués dès le temps de paix à l'exercice intégral du commandement, s'ils jouissent dans le pays d'une autorité morale incontestée et d'une situation sociale indiscutée.

Il est nécessaire surtout que l'armée toute entière soit trempée à l'avance par un travail physique et intellectuel incessant du temps de paix la maintenant en haleine et procurant aux chefs la certitude de la résistance physique et de l'endurance morale de leur troupe.

De ce besoin découle la nécesité d'un travail intense en temps de paix, d'un travail exigeant de tous des efforts sérieux et soutenus. Cela n'est pas possible sans qu'il se produise des déchets portant sur les tempéraments faibles ; ce sont là des pertes inévitables, comme celles de la guerre. Une nation virile doit en prendre son parti et savoir que les victoires futures sont à ce prix.

Vannes. — Imp. LAFOLYE Frères.

COMBAT DE TKAOUAN-IANSELIN

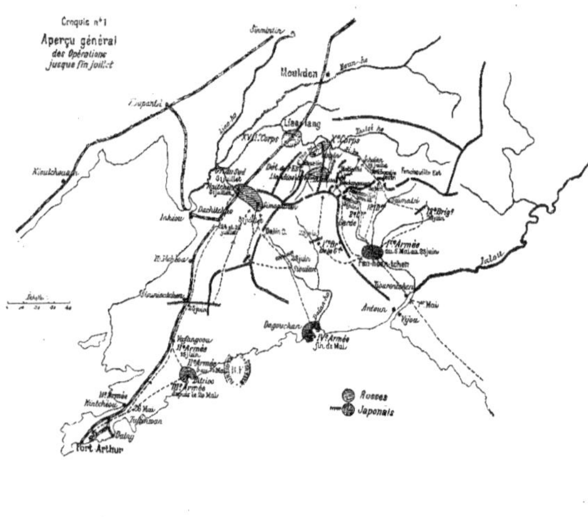

COMBAT DE TKAOUAN-IANSELIN

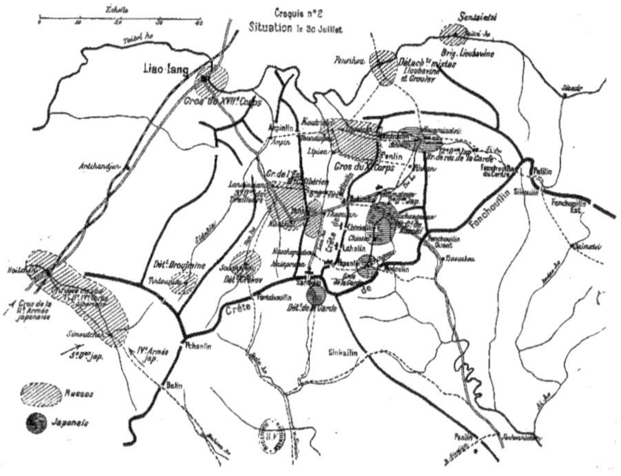

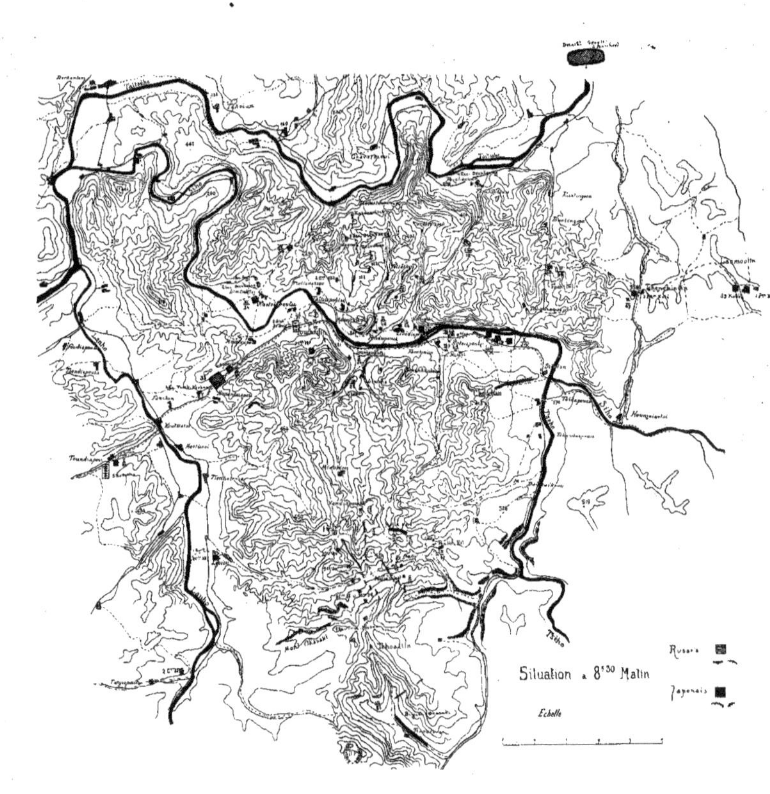

Situation à 8h 30 Matin
Russes
Japonais
Echelle

Situation à 4ᵉ Soir
Echelle
Russes
Japonais
Tséko